21世紀出生児縦断調査
（平成13年出生児）特別報告

厚生労働省政策統括官（統計・情報政策担当）編
一般財団法人　厚生労働統計協会

ま え が き

　「21 世紀出生児縦断調査（平成 13 年出生児）」は、21 世紀の初年に出生した子の実態及び経年変化の状況を継続的に観察することにより、少子化対策等厚生労働行政の様々な施策に役立てることを目的として、平成 13 年度から実施しているものです。

　この調査は、従来から行われてきた横断調査（毎回調査客体を替え、調査時点の実態を明らかにする調査手法）と異なり、同一調査客体を継続的に調査し、その実態や意識の変化、行動変化を把握し、詳細な分析を行う「縦断調査」という調査手法により実施しています。

　今般、「21 世紀出生児縦断調査（平成 13 年出生児）」の対象児が中学生になったことから、同一個人を追跡する縦断調査の特性を活かし、出生から 13 歳までの間の対象児及びその保護者を取り巻く環境が、子どもの成長や健康、将来に対する意識等に与えた影響について、国立研究開発法人医薬基盤・健康・栄養研究所の協力を得てまとめたものです。

　この報告書が行政施策の様々な基礎資料として利用されるとともに、関係各方面においても幅広く利用していただければ幸いです。

　終わりに、ご協力いただいた調査対象の皆様をはじめ、関係各位に深く感謝するとともに、今後一層のご協力をお願いする次第です。

平成 29 年 6 月

厚生労働省政策統括官（統計・情報政策担当）

安 藤 よし子

担当係
　政策統括官付参事官付世帯統計室
　　電話　　03-5253-1111（代表）
　　　分析に関すること：コーホート分析専門官　内線　7550
　　　調査に関すること：出生児縦断統計企画係　内線　7474

目　次

まえがき

Ⅰ　本報告書について ……………………………………………………… 7

Ⅱ　調査の概要 ……………………………………………………………… 9

Ⅲ　結果の概要

　1　幼児期の歯磨き習慣、食生活習慣等とその後のう歯との関係 ……… 13

　2　乳児期の受動喫煙の有無と成長の関係：
　　　　　　　　親の喫煙状況別にみた子どもの過体重・肥満率 ……… 16

　3　子どもの生活環境、健康状態が保護者の育児負担感に与える影響 … 18

　4　結婚・最初の子どもを持つことを希望する時期に対する
　　　　　　　　　　　　　　　　　　　中学1年生の意識 ……… 23

Ⅳ　結果の詳細

　1　幼児期の歯磨き習慣、食生活習慣等とその後のう歯との関係 ……… 27

　2　乳児期の受動喫煙の有無と成長の関係：
　　　　　　　　親の喫煙状況別にみた子どもの過体重・肥満率 ……… 49

　3　子どもの生活環境、健康状態が保護者の育児負担感に与える影響 … 59

　4　結婚・最初の子どもを持つことを希望する時期に対する
　　　　　　　　　　　　　　　　　　　中学1年生の意識 ……… 87

Ⅴ　参考 …………………………………………………………………… 95

Ⅵ　用語の定義 …………………………………………………………… 97

I 本報告書について

1 はじめに

　本報告は、平成 13 年度より毎年調査・公表している「21 世紀出生児縦断調査（平成 13 年出生児）」の対象児が中学生になったことから、同一個人を追跡する縦断調査の特性を活かし、出生から 13 歳までの間の対象児及び保護者を取り巻く環境が、子どもの成長や健康、将来に対する意識等に与えた影響について、国立研究開発法人医薬基盤・健康・栄養研究所の協力を得てまとめたものである。

　なお、結果の概要及び結果の詳細の「幼児期の歯磨き習慣、食生活習慣等とその後のう歯との関係」、「乳児期の受動喫煙の有無と成長の関係」は、池田奈由氏（国立研究開発法人医薬基盤・健康・栄養研究所国際産学連携センター研究員）に協力をいただいた。

2 縦断調査について

　集団の一時点の状況を調べる調査を横断調査(cross-sectional survey)と呼ぶ。これに対し、同一個人から複数時点において回答を得るような調査方法のことを縦断調査（longitudinal survey）またはパネル調査（panel survey）という。具体例として、1 年に 1 度の調査を 3 回実施する場合を考えてみる。もしこの調査を横断調査として行うのであれば、原則、調査対象者は 3 回の調査実施毎に入れ替わり、ある個人が 2 回以上調査に回答することはない。しかし、縦断調査として行うのであれば、調査対象者は 3 回の調査すべてに回答することになる。よって、横断調査ではある集団の 3 時点の情報を知ることしかできないが、縦断調査ではある個人の 3 時点の変化を把握することができる。

　このような縦断調査の利点の一つは、ある時点の状況が将来に与える影響を知ることができる点である。21 世紀出生児縦断調査を例にすれば、幼児期の生活習慣が 5 年後、10 年後の健康状態といかに関連しているのかを把握することができる。本報告書ではこの利点を活かし、子どもの心身の健康にまつわるテーマを中心に、集計・分析を行った。

3 本報告書の構成について

　本報告書では、各項目における分析内容について「結果の概要」と「結果の詳細」を付した。「結果の概要」では、各項目における分析の問題意識や分析から得られた結果を図表や文章で解説した。「結果の詳細」では、分析の方法や手順についての記述も含めた詳細な分析結果を示している。

4 留意事項

　「Ⅳ 結果の詳細」における、P.44～P.45「表3　う歯による通院のオッズ比に関するパネル・ロジット推定結果」、P.56「表3　第1回調査時点における親の喫煙状況（基準値：非喫煙群）による男児の過体重・肥満のオッズ比」及びP.57「表4　第1回調査時点における親の喫煙状況（基準値：非喫煙群）による女児の過体重・肥満のオッズ比」の星印については、統計的有意水準を表している。

　凡例については、以下のとおりである。

**	1％水準で有意な結果
*	5％水準で有意な結果

II 調査の概要

1 調査の目的

　この調査は、同一客体を長年にわたって追跡する縦断調査として、平成 13 年度から実施している統計調査であり、21 世紀の初年に出生した子の実態及び経年変化の状況を継続的に観察することにより、少子化対策、子どもの健全育成等、厚生労働行政施策の企画立案、実施等のための基礎資料を得ることを目的としている。

2 調査の対象

　全国の平成 13 年（2001 年）1 月 10 日から同月 17 日の間及び同年 7 月 10 日から同月 17 日の間に出生した子を対象とし、厚生労働省が人口動態調査の出生票を基に調査客体を抽出した。双子、三つ子についてもそれぞれの子を対象としている。

3 調査の時期

　第 6 回調査まで：1 月生まれはその年の 8 月 1 日、7 月生まれは翌年の 2 月 1 日
　第 7 回調査以降：1 月生まれはその年の 1 月 18 日、7 月生まれはその年の 7 月 18 日

4 調査事項

　同居者、子どもの身長・体重、子どもの病気やけが、子どものおやつで気をつけていること、子どもができること、子どもの健康について意識していること、子どもの生活の状況、子どもを育てていて（もって）負担に思うこと、子どもがいてよかったと思うこと、父母の喫煙状況、子どもが思う将来（進路・結婚等）について　等

＜調査票の様式＞
第 1 回 21 世紀出生児縦断調査調査票 （http://www.mhlw.go.jp/toukei/chousahyo/0006491_13.pdf）
第 2 回 21 世紀出生児縦断調査調査票 （http://www.mhlw.go.jp/toukei/chousahyo/0006492_14.pdf）
第 3 回 21 世紀出生児縦断調査調査票 （http://www.mhlw.go.jp/toukei/chousahyo/0006482_15.pdf）
第 4 回 21 世紀出生児縦断調査調査票 （http://www.mhlw.go.jp/toukei/chousahyo/0006483_16.pdf）
第 5 回 21 世紀出生児縦断調査調査票 （http://www.mhlw.go.jp/toukei/chousahyo/0006484_17.pdf）
第 6 回 21 世紀出生児縦断調査調査票 （http://www.mhlw.go.jp/toukei/chousahyo/0006485_18.pdf）
第 7 回 21 世紀出生児縦断調査調査票 （http://www.mhlw.go.jp/toukei/chousahyo/0006486_19.pdf）
第 8 回 21 世紀出生児縦断調査調査票 （http://www.mhlw.go.jp/toukei/chousahyo/0006486_20.pdf）
第 9 回 21 世紀出生児縦断調査調査票 （http://www.mhlw.go.jp/toukei/chousahyo/0006486_21.pdf）
第 10 回 21 世紀出生児縦断調査調査票 （http://www.mhlw.go.jp/toukei/chousahyo/0006486_22.pdf）
第 11 回 21 世紀出生児縦断調査調査票 （http://www.mhlw.go.jp/toukei/chousahyo/0006486_24.pdf）
第 12 回 21 世紀出生児縦断調査調査票 （http://www.mhlw.go.jp/toukei/chousahyo/0006486_25.pdf）
第 13 回 21 世紀出生児縦断調査調査票 （http://www.mhlw.go.jp/toukei/chousahyo/0006486_26.pdf）

5 調査の方法

調査票の配布及び回収は郵送により行った。

6 利用上の注意

（1）調査回における対象児の年齢は以下のとおりである。

調査回	対象児の年齢
第1回調査	月齢6か月
第2回調査	1歳6か月
第3回調査	2歳6か月
第4回調査	3歳6か月
第5回調査	4歳6か月
第6回調査	5歳6か月
第7回調査	7歳（小学1年生）
第8回調査	8歳（小学2年生）
第9回調査	9歳（小学3年生）
第10回調査	10歳（小学4年生）
第11回調査	11歳（小学5年生）
第12回調査	12歳（小学6年生）
第13回調査	13歳（中学1年生）

注：第7回調査（7歳）は、第6回調査（5歳6か月）から1年6か月後に実施した。

（2）表章記号の規約

比率が微少（0.05未満）の場合	0.0

III 結果の概要

1　幼児期の歯磨き習慣、食生活習慣等とその後のう歯との関係

　幼児期から学童期にわたってう歯（むし歯）により通院する子どもの特徴を明らかにするため、第3回調査（2歳6か月）から第12回調査（12歳）を対象としてう歯による通院者の割合の集計を行った。う歯による通院者の割合は第3回調査（2歳6か月）では6.9%であるが、その後上昇し、第7回調査（7歳）では40.2%となっている。その後低下し、第12回調査（12歳）では24.9%となっている。（図1）

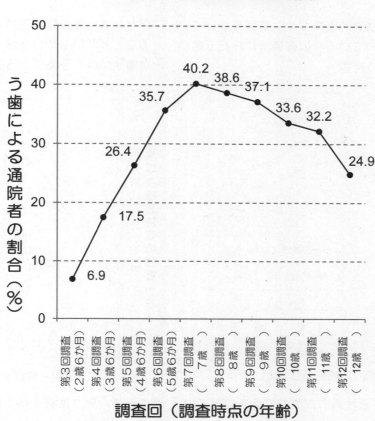

図1　う歯による通院者の割合の推移

（１）食生活習慣とう歯による通院経験の有無の関係

保護者が子どものおやつの時間・おやつで食べるものに気をつけている場合、そうでない場合に比べ、う歯による通院者の割合が低い傾向

第３回調査（２歳６か月）では、「おやつについて家庭で気をつけていること」を調査している。「時間を決めている」、「甘いものは少なくするようにしている」、「栄養に注意している」又は「手作りのものにしている」と回答している場合、回答しなかった場合と比べて、う歯での通院者の割合が低い傾向がみられた。（図２－１、図２－２、図２－３、図２－４）

図２－１　第３回調査時点のおやつで気をつけていること「時間を決めている」の有無別にみたう歯による通院者の割合の推移

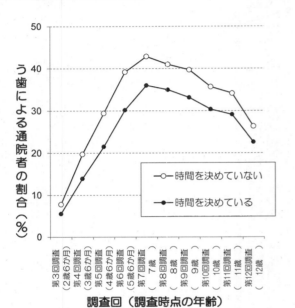

図２－２　第３回調査時点のおやつで気をつけていること「甘いものは少なくするようにしている」の有無別にみたう歯による通院者の割合の推移

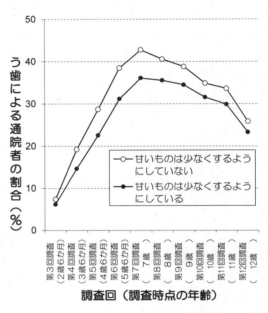

図２－３　第３回調査時点のおやつで気をつけていること「栄養に注意している」の有無別にみたう歯による通院者の割合の推移

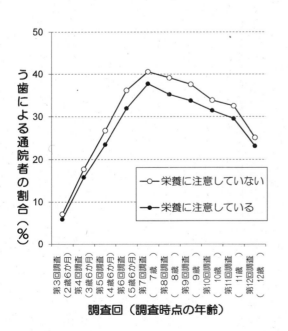

図２－４　第３回調査時点のおやつで気をつけていること「手作りのものにしている」の有無別にみたう歯による通院者の割合の推移

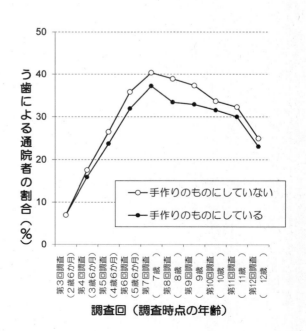

（２）歯磨き習慣の有無とう歯による通院経験の有無の関係

保護者が歯の仕上げ磨きをしている場合、又は対象児が自分から歯磨きをする場合、そうでない場合に比べ、う歯による通院者の割合が低い傾向

第４回調査（３歳６か月）では、保護者が対象児の歯の仕上げ磨きをしているかどうか、第５回調査（４歳６か月）では対象児が歯磨きを自分からするかどうかを調査している。

第４回調査（３歳６か月）において保護者が「歯の仕上げ磨きをする」と回答している場合、回答しなかった場合と比べ、う歯による通院者の割合が低い傾向がみられた（図３－１）。

また、第５回調査（４歳６か月）において対象児が歯磨きを「自分からする」と回答している場合、「言われれば自分でする」又は「自分でしない」と回答した者と比べてう歯による通院者の割合が低い傾向がみられた（図３－２）。

図３－１　第４回調査時点の歯の仕上げ磨きの有無別にみたう歯による通院者の割合の推移

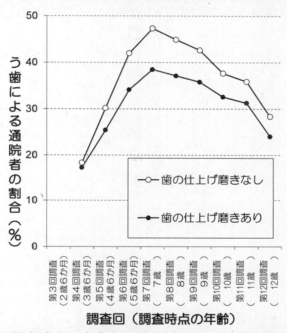

図３－２　第５回調査時点の歯磨きの状況別にみたう歯による通院者の割合の推移

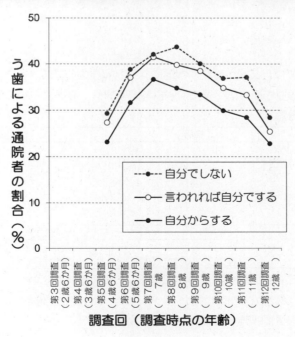

2 乳児期の受動喫煙の有無と成長の関係：親の喫煙状況別にみた子どもの過体重・肥満率

乳児期に親が喫煙しない子どもに比べ、親が喫煙する子どもの過体重・肥満率が高い
親が室内で喫煙する場合（子の受動喫煙あり）には、室内では吸わない場合（子の受動喫煙なし）よりも過体重・肥満率が高い

第1回調査（生後6か月）時点の親の喫煙状況別に第3回調査（2歳6か月）以降の各調査回における子どもの過体重・肥満率の集計を行った。（父親・母親の喫煙の有無と喫煙場所によって、「非喫煙群」、「喫煙群（子の受動喫煙なし）」、「喫煙群（子の受動喫煙あり）」の3群に分類した。分類方法は下記の「親の喫煙状況とは」を参照。）

男児では、「非喫煙群」に比べ、「喫煙群（子の受動喫煙あり）」及び「喫煙群（子の受動喫煙なし）」ともに過体重・肥満率が高い。特に、「喫煙群（子の受動喫煙あり）」はより高い。（図4－1）

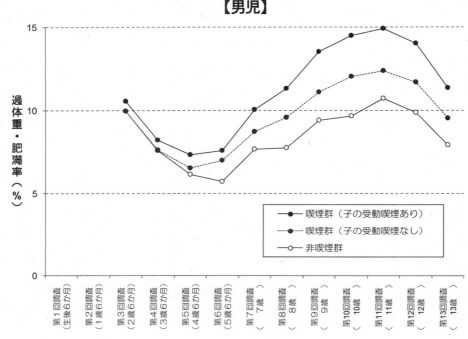

図4－1　第1回調査時点の受動喫煙の有無別にみた対象児の過体重・肥満率
【男児】

○親の喫煙状況とは

第1回調査（生後6ヶ月）では、父親と母親の喫煙の有無と喫煙する場所（室内で喫煙するか否か）を調査している。この項目に基づいて、乳児期の親の喫煙状況を「非喫煙群」、「喫煙群（子の受動喫煙なし）」、「喫煙群（子の受動喫煙あり）」の3群に分類した。

【質問】	【補問】	親の喫煙状況の分類
たばこを吸っていますか。あてはまる番号に○をつけてください。「吸っている」と答えた方は家庭ではどうかの補問にお答えください。		
1. 吸っていない	→	非喫煙群
2. 吸っている →	1. 室内で吸う →	喫煙群（子の受動喫煙あり）
	2. 室内では吸わない →	喫煙群（子の受動喫煙なし）

なお、父親と母親の双方が吸っていない場合を非喫煙群、父親と母親のどちらか一方でも吸っていれば喫煙群とした。さらに、父親と母親の双方が室内では吸わない場合を「子の受動喫煙なし」、父親と母親のどちらか一方でも室内で吸っていれば「子の受動喫煙あり」とみなした。

男児と同様、女児でも「非喫煙群」に比べ、「喫煙群（子の受動喫煙あり）」及び「喫煙群（子の受動喫煙なし）」ともに過体重・肥満率が高い。特に、「喫煙群（子の受動喫煙あり）」はより高い。（図４－２）

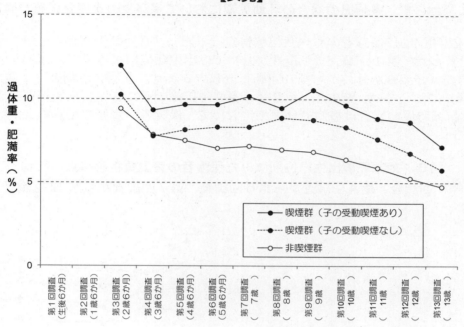

図４－２　第１回調査時点の受動喫煙の有無別にみた対象児の過体重・肥満率【女児】

○　図４－１、図４－２のとおり、乳児期における親の喫煙状況によって子どもの過体重・肥満率に差がみられる。しかし、乳児期における親の喫煙状況と子どもの過体重・肥満率の間には種々の要因からの影響が介在しており、それらの要因を適切に考慮すると親の喫煙状況別にみた子どもの過体重・肥満率の差は縮小する可能性がある。そのため、多変量解析によって種々の要因を統制した分析も行った。その結果、親の喫煙状況別にみた子どもの過体重・肥満率の差は縮小する傾向が確認されたが、「喫煙群（子の受動喫煙あり）」の過体重・肥満率は「非喫煙群」よりも統計的に有意に高かった。

　　分析の詳細は「Ⅳ 結果の詳細」を確認されたい。

3 子どもの生活環境、健康状態が保護者の育児負担感に与える影響

子どもの基本的な属性、生活環境、健康状態別に保護者の育児負担感の集計を行った。

（1）出生順位別にみた保護者の育児負担感

保護者の育児負担感は第1子、第2子、第3子以降の順に強い傾向
出生順位に関わらず、多胎児の場合の乳幼児期において保護者の育児負担感が強い傾向

対象児の出生順位別に保護者の育児負担感得点（下記の「育児負担感得点とは」を参照）の平均値の集計を行った。第1回調査（生後6か月）では出生順位による違いはほとんどみられないが、第4回調査（3歳6か月）から第6回調査（5歳6か月）と第7回調査（7歳）から第12回調査（12歳）においては、第1子、第2子、第3子以降の順に育児負担感得点が高い傾向がみられた。また、多胎児の場合は概ね乳幼児期において、保護者の育児負担感得点が高い傾向がみられた。（図5）

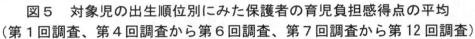

図5　対象児の出生順位別にみた保護者の育児負担感得点の平均
（第1回調査、第4回調査から第6回調査、第7回調査から第12回調査）

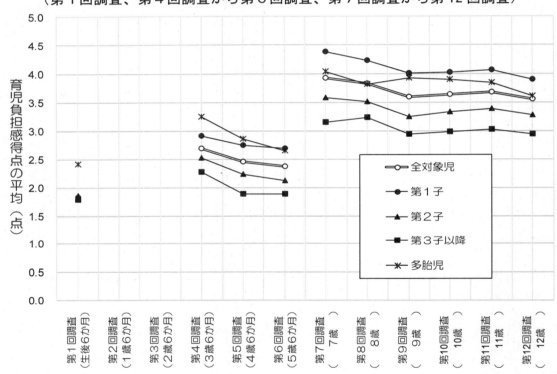

注：出生順位は第1回調査における同居のきょうだい数から算出。単胎・多胎の別は人口動態調査出生票から区別した。なお、多胎児の集計では出生順位（第1回調査における同居の兄姉の有無）は考慮しておらず、第1子、第2子、第3子以降のカテゴリーには多胎児は含んでいない。

○育児負担感得点とは

本調査では保護者に対し、第1回から第12回調査において「子どもを育てていて（もって）負担に思うこと」を質問している。（第7回から第12回調査ではさらに「子どもに関する悩み」も質問している。）調査票では負担に思うこと・悩みの内容を示した選択肢を複数提示し、該当する全ての選択肢を回答する形式をとっている。この調査項目から、保護者が「子どもを育てていて（もって）負担に思うこと」又は「子どもに関する悩み」として選択した選択肢の数を調査の実施回ごとに合計し、育児負担感の強さを示す得点とみなした。（負担・悩みは特にないという趣旨の選択肢は0点とした。）これを「育児負担感得点」と呼ぶ。

なお、調査の実施回によって育児負担感得点の最大値が異なるため、育児負担感得点の推移を育児負担感の強さの推移と考えることはできない。（ただし第4回から第6回調査、第7回から第12回調査の各期間中は育児負担感得点の最大値が同一であるため、各期間中は推移とみなすことができる。）しかし、子どもの属性別に保護者の育児負担感得点の平均を集計し、全対象児の育児負担感得点の平均との差を比較することで、保護者の育児負担感が強い子どもの属性を明らかにすることが可能となる。

（２）同居の家族構成別にみた保護者の育児負担感

同居の家族構成が「母子・父子世帯」の場合、第４回調査以降の保護者の育児負担感が強い傾向

子どもの乳幼児期は「両親と祖父母」世帯よりも「両親のみ」世帯の場合に保護者の育児負担感が強い傾向

第１回調査（生後６か月）における同居の家族構成別にその後の保護者の育児負担感得点の平均値を集計した。第４回調査（３歳６か月）から第６回調査（５歳６か月）、第７回調査（７歳）から第12回調査（12歳）では、「母子・父子世帯」の場合に保護者の育児負担感得点の平均値が最も高い。

また、「両親と祖父母」世帯と「両親のみ」世帯を比較すると、第１回調査（生後６か月）と第４回調査（３歳６か月）から第６回調査（５歳６か月）では「両親と祖父母」世帯において保護者の育児負担感得点が低い傾向がみられた。（図６）

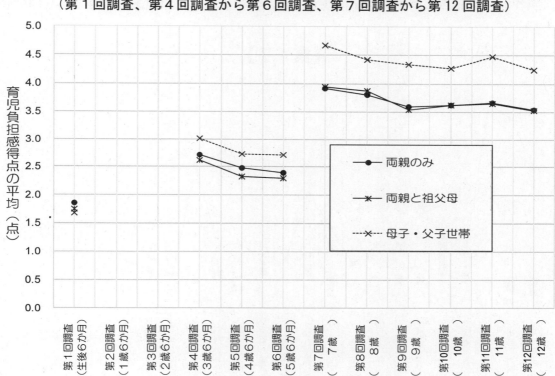

図６　第１回調査時点の同居の家族構成別にみた保護者の育児負担感得点の平均
（第１回調査、第４回調査から第６回調査、第７回調査から第12回調査）

注：父親・母親の双方が対象児と同居している場合を「両親のみ」、父親・母親に加えて対象児の祖父母のうち１人以上が同居している場合を「両親と祖父母」、祖父母の同居・非同居にかかわらず、父親・母親のどちらか、又は父親・母親の双方と同居していない場合を「母子・父子世帯」として集計。

（３）同居の家族構成別にみた保護者の育児負担感の内容の比較

同居の家族構成が「両親のみ」世帯に比べて「両親と祖父母」世帯の場合、保護者は「子育てによる身体の疲れが大きい」、「子育てで出費がかさむ」、「仕事や家事が十分にできない」、「子どもについてまわりの目や評価が気になる」及び「子どもを一時的にあずけたいときにあずけ先がない」等の項目を選択する割合が低い傾向

第１子を対象に、第１回調査（生後６か月）時点の同居の家族構成別に、第６回調査（５歳６か月）時点の保護者の育児負担感の内容について集計を行った。「両親のみ」世帯に比べて「両親と祖父母」世帯の場合、保護者は「子育てによる身体の疲れが大きい」、「子育てで出費がかさむ」、「仕事や家事が十分にできない」、「子どもについてまわりの目や評価が気になる」及び「子どもを一時的にあずけたいときにあずけ先がない」等の項目を選択する割合が低い傾向にある一方、保護者は「しつけのしかたが家庭内で一致していない」、「子どもが言うことを聞かない」及び「子どもが急病のとき診てくれる医者が近くにいない」等の項目を選択する割合が高い傾向がみられた。（図７）

図７　第１回調査時点の同居の家族構成別にみた保護者の育児負担感の内容（第６回調査）

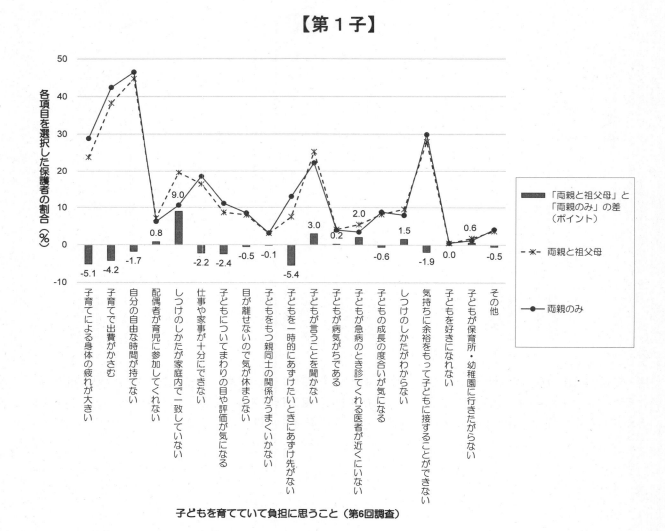

（4）子どもの健康状態別にみた保護者の育児負担感

小学校入学前後に「アトピー性皮膚炎」、「ぜんそく」、「食物アレルギー」、「発達と行動面の相談」又は「先天性の病気」での通院経験がある場合、保護者の育児負担感が強い傾向

第7回調査（7歳）実施前の過去1年半以内に、「アトピー性皮膚炎」、「ぜんそく」、「食物アレルギー」、「発達と行動面の相談」又は「先天性の病気」での通院経験がある場合、保護者の育児負担感得点が全対象児の平均の値よりも高い傾向がみられた（図8）。

図8　第7回調査時点の通院の理由となった疾病別にみた保護者の育児負担感得点の平均
（第7回調査から第12回調査）

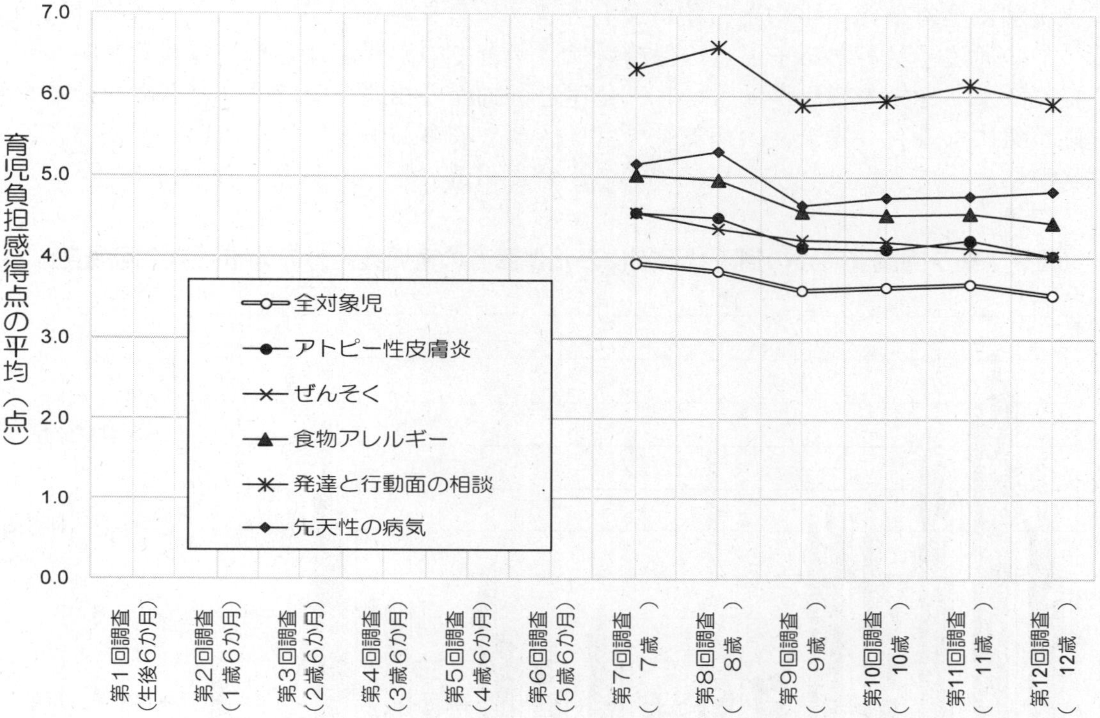

○　21世紀出生児縦断調査（平成13年出生児）では第2回調査以降、対象児が調査の実施時点の過去1年内（第7回調査のみ過去1年半以内）の通院の有無と通院の理由となった病気・けがの種類を調査している。この情報を用いて、病気の種類ごとに①通院経験のある子どもの割合と②通院経験のある子どもが第2回調査から第12回調査の期間中に通院した期間の数（0期から11期）を求め、この情報に基づいて病気の種類を4つの類型に分類した 。

図8で集計対象としている「アトピー性皮膚炎」、「ぜんそく」、「食物アレルギー」、「発達と行動面の相談」又は「先天性の病気」は、上記の類型のうち「一部の子どもが罹患し、通院頻度が高い傾向の病気」として分類される病気である。

病気の分類方法については「Ⅳ　結果の詳細」を参照されたい。

（5）子どもの健康状態別にみた保護者の育児負担感の内容の比較

小学校入学前後の通院状況別に全対象児の平均との差が最も大きい項目は、「アトピー性皮膚炎」又は「ぜんそく」では「子育ての出費がかさむ」、「食物アレルギー」では「子育てによる身体の疲れが大きい」、「発達と行動面の相談」では「子どもについてまわりの目や評価が気になる」、「先天性の病気」では「仕事や家事が十分にできない」

第7回調査の通院状況別に保護者の育児負担感の内容について、項目別に選択割合を集計した。
「アトピー性皮膚炎」、「ぜんそく」、「食物アレルギー」、「発達と行動面の相談」又は「先天性の病気」での通院経験がある子どもの保護者は、ほとんどの項目において全体平均よりも選択する割合が高い。

通院状況別に全対象児の平均との差が最も大きい項目をみると、「アトピー性皮膚炎」又は「ぜんそく」での通院経験がある子どもの保護者は「子育ての出費がかさむ」、「食物アレルギー」では「子育てによる身体の疲れが大きい」、「発達と行動面の相談」では「子どもについてまわりの目や評価が気になる」、「先天性の病気」では「仕事や家事が十分にできない」であった。子どもの通院状況によって、保護者が負担に感じる内容にも違いがみられた。（図9）

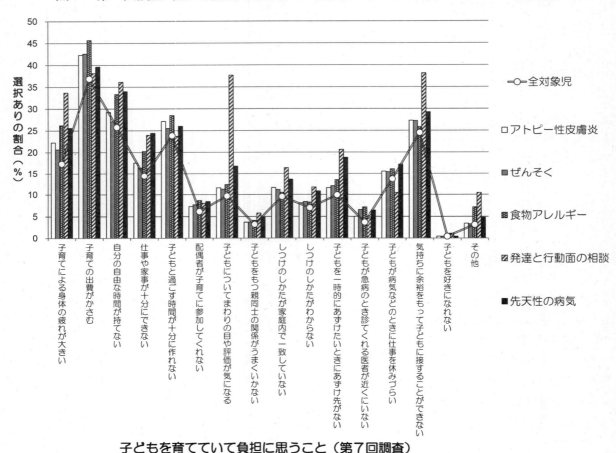

図9　第7回調査時点の通院状況別にみた保護者の育児負担感の分布（第7回調査）

子どもを育てていて負担に思うこと（第7回調査）

4 結婚・最初の子どもを持つことを希望する時期に対する中学1年生の意識

(1) 結婚を希望する時期

女児よりも男児のほうが「具体的にはまだ考えていない」を選択する割合が高い傾向
対象児が生まれたときの両親の年齢が低いほど、対象児が10代又は20〜24歳で結婚することを希望する割合が高い傾向

第13回調査（13歳）において対象児が結婚を希望する時期について、男女別に、対象児が生まれたときの母親・父親の年齢階級別に集計を行った。

男児の49.4%、女児の29.4%が「具体的にはまだ考えていない」と回答している。また、対象児が生まれたときの母親の年齢階級別にみると、男児の場合、対象児が生まれたときの母親の年齢が24歳以下では、10代又は20〜24歳で結婚を希望する割合は19.0%であるのに対し、25〜29歳では14.4%、30〜34歳では11.3%、35歳以上では11.0%であった。女児の場合、対象児が生まれたときの母親の年齢が24歳以下であった場合には10代又は20〜24歳で結婚を希望する割合が38.4%、25〜29歳では32.3%、30〜34歳では25.9%、35歳以上では22.6%であった。男児・女児ともに対象児が生まれたときの母親の年齢が高くなるほど、対象児が10代又は20〜24歳で結婚を希望する割合が低くなる傾向がみられた。父親の年齢階級別にみても同様の傾向がみられた。
（図10）

図10 対象児が結婚を希望する時期の分布（第13回調査）
：対象児が生まれたときの母親・父親の年齢階級別

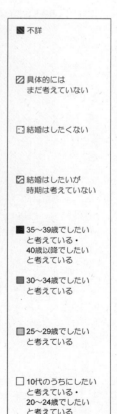

(2) 最初の子どもを持つ時期

保護者が「子どもがいてよかったと思うこと」を数多く挙げているほど、対象児は最初の子どもを持つことを希望する時期について具体的に考えている割合が高い傾向。また、「子どもは持ちたくない」と回答する割合も低い傾向

　第7回調査（7歳）と第12回調査（12歳）時点において、保護者が「子どもがいてよかったと思うこと」として選択した選択肢の数を合計して得点化し、この得点別に第13回調査（13歳）において対象児が最初の子どもを持つことを希望する時期の集計を行った（得点化の方法は「用語の定義」を参照）。

　女児の場合、第7回調査時の保護者の「子どもがいてよかったと思うこと」の得点が0～3点のときには「具体的にはまだ考えていない」と回答している割合が37.3%であるが、4～7点では34.1%、8～11点では31.7%、12～15点では28.1%となっている。また、「子どもは持ちたくない」と回答している割合では、0～3点では5.6%、4～7点では4.3%、8～11点では3.8%、12～15点では2.2%となっている。保護者が「子どもがいてよかったと思うこと」として挙げている得点が多いほど、最初の子どもを持つ時期について「具体的にはまだ考えていない」及び「子どもは持ちたくない」と回答する割合が低い傾向がみられた。男児の場合も同様の傾向がみられた。（図11）

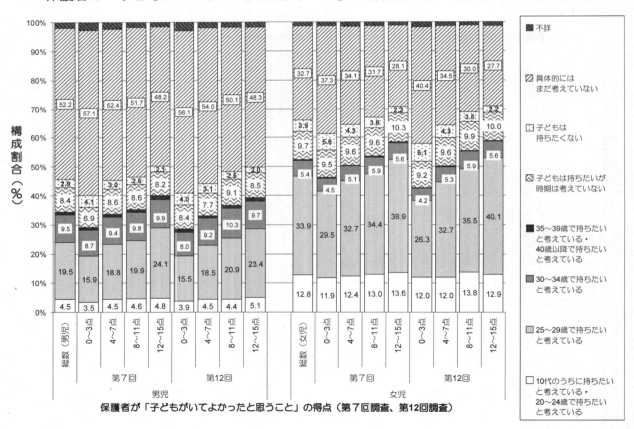

図11　対象児が最初の子どもを持つことを希望する時期の分布（第13回調査）
：保護者の「子どもがいてよかったと思うこと」の得点別（第7回調査、第12回調査）

IV 結果の詳細

1 幼児期の歯磨き習慣、食生活習慣等とその後のう歯との関係

1－1　はじめに

　歯・口腔の健康は、身体のみならず、精神的・社会的生活にも寄与し、歯の喪失は生活の質に関連する。近年、乳幼児期のう蝕の有病状況は改善しつつあるものの、地域格差があることが指摘されている。さらに、平成24年に告示された「健康日本21（第二次）」においては、乳幼児期・学齢期にう蝕のない者を増加させることが目標とされている。また、平成27年度から10年間の計画として実施されている「健やか親子21（第2次）」では、平成36年度までにむし歯のない3歳児の割合を90%に引き上げること、健康行動の指標として仕上げ磨きをする親の割合を80%にすること、歯肉に炎症がある十代の割合を20%に引き下げることといったより具体的な目標が揚げられ、子どもの生活や歯磨き習慣の改善を通じて歯・口腔の健康のより一層の向上を図ることが求められている。

　本章では、21世紀出生児縦断調査の第3回調査（2歳6か月）から第12回調査（12歳）のデータを用いて、幼児期から学童期を対象に、う歯により通院する子どもの特徴を検討する。はじめに、対象児の基本的な属性別に、う歯による通院がある者の割合を求める。さらに、食習慣や歯磨き習慣とう歯による受診率の関連を明らかにするため、統計モデルによる推定を行う。このプロセスから、う歯による受診率が高い集団の属性を明らかにするとともに、食事やおやつの内容や摂り方、仕上げ磨きの実施状況等の違いがう歯による受診率に与える影響を明らかにする。

1－2　集計対象と集計・分析に用いた変数

　本章における集計・分析では、21世紀出生児縦断調査（平成13年出生児）の第3回調査（2歳6か月）から第12回調査（12歳）までのデータを用いた[1]。集計の対象としたのは、第3回調査から第12回調査までの10回すべての調査に回答があった者のうち、出生時点における体重の値とう歯による通院の有無に関する質問への回答が有効であった27,545人である。

　第3回調査から第12回調査までの各調査では、過去1年間（第7回調査のみ過去1年6か月）に病院や診療所などで診察を受けた病気やけがの種類を調査している。具体的には、調査票に病気やけがの名称が提示されており、回答者は該当する選択肢のすべてを選択する形式になっている。本章では、この設問において「う歯（むし歯）」に〇がつけられている場合を「う歯による通院あり」と定義し、集計に使用した。

　また、性別、出生順位、出生体重、対象児が生まれた時点での母親の年齢、同居の家族構成（祖父母との同居の有無、同居のきょうだいの有無）といった対象児の基本的属性、また、居住地の市郡の別、居住地の地方、母親の最終学歴、等価所得といった社会経済的状況別の集計を行った。さらに、生活環境・生活習慣とう歯による通院の関連を明らかにするために、平日のゲーム時間、平日のテレビ視聴時間、親の喫煙状況、歯磨き習慣、食習慣別の通院状況も集計した。なお、集計に使用した対象児の基本的属性、社会経済的状況、生活環境・生活習慣に関する変数の定義は表1、記述統計の結果は表2－1、表2－2のとおりである。

---

[1] ただし、集計で使用する親の喫煙状況に関しては第1回調査の情報を、等価所得の値を算出する際に第2回調査の情報を参照している。（詳細は表1のとおり。）

表1　集計に使用した変数

属性	集計で用いたカテゴリー	参照した調査回と質問項目・定義の方法
性別	男・女	人口動態調査出生票
出生順位	第1子，第2子，第3子以降	人口動態調査出生票
出生体重	2500g未満，2500〜2999g，3000〜3499g，3500g以上	人口動態調査出生票
対象児が生まれた時点の母親の年齢	15〜24歳，25〜29歳，30〜34歳，35歳以上	人口動態調査出生票（母親と対象児の生年月日から算出）
祖父母との同居の有無	祖父母と同居してる，祖父母と同居していない	第3回調査（2歳6か月）から第12回調査（12歳）の各調査回の値を参照
同居きょうだいの有無	同居のきょうだいあり，同居のきょうだいなし	第3回調査（2歳6か月）から第12回調査（12歳）の各調査回の値を参照
居住地の市郡の別	21大都市，その他の市，郡部	第3回調査（2歳6か月）から第12回調査（12歳）の各調査回の値を参照
居住地の地方	北海道，東北，関東I，関東II，北陸，東海，近畿I，近畿II，中国，四国，北九州，南九州	第3回調査（2歳6か月）から第12回調査（12歳）の各調査回の値を参照 ※地方の分類は以下のとおり。 北海道，東北（青森県，岩手県，宮城県，秋田県，山形県，福島県），関東I（埼玉県，千葉県，東京都，神奈川県），関東II（茨城県，栃木県，群馬県，山梨県，長野県），北陸（新潟県，富山県，石川県，福井県），東海（岐阜県，愛知県，三重県，静岡県），近畿I（京都府，大阪府，兵庫県），近畿II（奈良県，和歌山県，滋賀県），中国（鳥取県，島根県，岡山県，広島県，山口県），四国（徳島県，香川県，愛媛県，高知県），北九州（福岡県，佐賀県，長崎県，大分県），南九州（熊本県，宮崎県，鹿児島県，沖縄県）
母の最終学歴	中学校，高校，専修・専門学校・短大・高専，大学・大学院，その他・欠損値	第2回調査（1歳6か月）
等価所得	200万円未満，200万円台，300万円台，400万円台，400万円以上，不詳（欠損値）	第2回調査，第4回調査，第5回調査，第7回調査，第10回調査を参照 ※各調査回における父母の働いて得た年収（税込み）とその他の年間収入の合計を，世帯人数の平方根で割ることによって算出した。所得に関する質問がなかった第3回調査には第2回調査，第6回調査には第5回調査，第8・9回調査には第7回調査，第11回調査には第10回調査の値を用いた。
平日のゲーム時間	しない，1時間未満，1時間以上，不詳（欠損値）	第4回調査〜第12回調査 ※第3回調査については，第4回調査の値を用いた。
平日のテレビ視聴時間	1時間未満，1時間台，2時間台，3時間以上，不詳（欠損値）	第3回調査〜第12回調査の各調査回の値を参照
親の喫煙状況	喫煙なし，受動喫煙なし，受動喫煙あり，不詳（欠損値）	第1回、第5回、第9回調査を参照 ※ふだんたばこを吸っていないと回答した者は喫煙なし，ふだんたばこを吸っていると回答した者は喫煙ありと定義した。さらに，第1回調査については，喫煙ありの父母のうち，室内で吸わないようにしていれば受動喫煙なし，室内で吸っていれば受動喫煙ありと定義した。第5回調査と第9回調査については，喫煙ありの父母のうち，子どもが見ているところでは吸わないようにしていれば受動喫煙なし，それ以外を受動喫煙ありと定義した。父母それぞれの喫煙状況を一つにまとめた親の喫煙状況の変数としては，父母のどちらも喫煙なしであれば喫煙なし，父母のいずれかが喫煙ありであれば喫煙ありとした。喫煙ありのうち父母のいずれからも受動喫煙に曝されていなければ受動喫煙なし，父母のいずれかから受動喫煙に曝されていれば受動喫煙ありと定義した。第3・4回調査には第1回調査，第6〜8回調査には第5回調査，第10〜12回調査には第9回調査の値を用いた。
おやつで気をつけていること		
時間を決めている	時間を決めている（該当），決めていない（非該当）	第3回調査（2歳6か月） ※「平成13年1（7）月生まれのお子さんのおやつについて家庭で気をつけていることがありますか。あてはまる番号すべてに○をつけてください。」という質問文とともに左記の4つの選択肢と「その他（自由記述）」「特に気をつけていることはない」の2つを提示。
甘いものは少なくするようにしている	甘いものは少なくするようにしている（該当），少なくするようにしていない（非該当）	
栄養に注意している	栄養に注意している（該当），特に気をつけていない（非該当）	
手作りのものにしている	手作りものにしている（該当），特に気をつけていない（非該当）	
歯磨き習慣の有無	歯磨きの習慣がついている，歯磨きの習慣がついていない，不詳（欠損値）	第3回調査（2歳6か月） ※「平成13年1（7）月生まれのお子さんについて以下のことをおたずねします。「はい」「いいえ」のいずれかの番号に○をつけてください。」という質問文とともに，子どもの行動・生活の様子に関する選択肢を提示している。そのうち「歯みがきの習慣がついている」に対して「はい」に○をつけている場合を歯磨き習慣ありと定義。
歯の仕上げ磨きの有無	仕上げ磨きをしている，仕上げ磨きをしていない，不詳（欠損値）	第4回調査（3歳6か月） ※「平成13年1（7）月生まれのお子さんの健康に関することでどのようなことを意識して行っていますか。あてはまる番号すべてに○をつけてください。」という質問文とともに，健康に関して気をつけていることの選択肢を提示。そのうち「歯の仕上げ磨きをする」に○がついている場合を仕上げ磨きありと定義。
歯磨きの状況	自分からする，言われれば自分でする，自分でしない，不詳（欠損値）	第5回調査（4歳6か月） ※生活状況を聞く質問で，はみがきについて，「自分からする」「言われれば自分でする」，「自分でしない」の3つの選択肢を提示し，該当するもの1つを選択。

表２－１　集計に使用した変数の記述統計：調査期間中に値が一定の変数

		度数	（％）
性別	男児	14,252	51.7
	女児	13,293	48.3
出生順位	第1子	13,498	49.0
	第2子	10,200	37.0
	第3子以降	3,847	14.0
出生体重	2500g未満	2,258	8.2
	2500〜2999g	10,149	36.8
	3000〜3499g	11,839	43.0
	3500g以上	3,299	12.0
出生時の母の年齢	15〜24歳	2,486	9.0
	25〜29歳	10,477	38.0
	30〜34歳	10,619	38.6
	35歳以上	3,963	14.4
母の最終学歴	中学校	970	3.5
	高校	9,949	36.1
	専修・専門学校・短大・高専	11,969	43.5
	大学・大学院	4,288	15.6
	その他・欠損値	369	1.3
おやつで気をつけていること	時間を決めている	10,686	38.8
	甘いものは少なくするようにしている	10,572	38.4
	栄養に注意している	3,341	12.1
	手作りのものにしている	1,343	4.9
歯磨き習慣の有無（第3回調査）	歯磨きの習慣がついている	23,059	83.7
	歯磨きの習慣がついていない	4,319	15.7
	不詳（欠損値）	167	0.6
歯の仕上げ磨きの有無（第4回調査）	仕上げ磨きをしている	22,208	19.4
	仕上げ磨きをしていない	5,337	80.6
歯磨きの状況（第5回調査）	自分からする	7,560	27.4
	言われれば自分でする	18,262	66.3
	自分でしない	1,661	6.0
	不詳（欠損値）	62	0.2

表2－2　集計に使用した変数の記述統計：調査期間中に値が変化する変数

	第3回		第6回		第9回		第12回	
	度数	(%)	度数	(%)	度数	(%)	度数	(%)
祖父母との同居の有無								
なし	21,233	77.1	21,093	76.6	21,132	76.7	21,378	77.6
あり	6,312	22.9	6,452	23.4	6,413	23.3	6,167	22.4
同居きょうだいの有無								
なし	9,512	34.5	4,533	16.5	3,704	13.4	3,788	13.8
あり	18,033	65.5	23,012	83.5	23,841	86.6	23,757	86.2
居住地の市郡の別								
21大都市	6,054	22.0	6,382	23.2	6,993	25.4	7,294	26.5
その他の市	16,240	59.0	18,363	66.7	18,003	65.4	17,818	64.7
郡部	5,251	19.1	2,800	10.2	2,549	9.3	2,433	8.8
居住地の地方								
北海道	1,005	3.6	1,003	3.6	986	3.6	988	3.6
東北	1,970	7.2	1,974	7.2	1,946	7.1	1,927	7.0
関東I	7,293	26.5	7,311	26.5	7,381	26.8	7,430	27.0
関東II	2,245	8.2	2,239	8.1	2,238	8.1	2,237	8.1
北陸	1,331	4.8	1,329	4.8	1,332	4.8	1,329	4.8
東海	3,610	13.1	3,629	13.2	3,607	13.1	3,602	13.1
近畿I	3,761	13.7	3,732	13.5	3,725	13.5	3,740	13.6
近畿II	912	3.3	900	3.3	917	3.3	911	3.3
中国	1,670	6.1	1,665	6.0	1,663	6.0	1,642	6.0
四国	824	3.0	824	3.0	823	3.0	818	3.0
北九州	1,772	6.4	1,791	6.5	1,783	6.5	1,779	6.5
南九州	1,152	4.2	1,148	4.2	1,144	4.2	1,142	4.1
等価所得								
200万円未満	7,773	28.2	7,495	27.2	6,403	23.2	5,679	20.6
200万円台	9,372	34.0	9,010	32.7	8,533	31.0	7,703	28.0
300万円台	4,928	17.9	5,360	19.5	5,742	20.8	6,111	22.2
400万円以上	3,523	12.8	4,601	16.7	5,688	20.6	6,838	24.8
欠損値	1,949	7.1	1,079	3.9	1,179	4.3	1,214	4.4
平日のゲーム時間								
しない	23,600	85.7	16,734	60.8	8,744	31.7	7,805	28.3
1時間未満	2,725	9.9	8,081	29.3	12,917	46.9	9,309	33.8
1時間以上	1,079	3.9	2,525	9.2	5,686	20.6	9,913	36.0
欠損値	141	0.5	205	0.7	198	0.7	518	1.9
平日のテレビ視聴時間								
1時間未満	2,819	10.2	4,808	17.5	6,393	23.2	5,399	19.6
1時間台	10,197	37.0	11,219	40.7	12,022	43.6	9,446	34.3
2時間台	3,890	14.1	7,600	27.6	6,425	23.3	6,667	24.2
3時間以上	10,109	36.7	3,810	13.8	2,588	9.4	5,603	20.3
欠損値	530	1.9	108	0.4	117	0.4	430	1.6
親の喫煙状況								
喫煙なし	10,842	39.4	12,103	43.9	13,730	49.8	13,730	49.8
受動喫煙なし	6,992	25.4	2,123	7.7	1,763	6.4	1,763	6.4
受動喫煙あり	8,873	32.2	11,697	42.5	9,793	35.6	9,793	35.6
欠損値	838	3.0	1,622	5.9	2,259	8.2	2,259	8.2

1－3　結果
(1) う歯による通院者の割合の推移
　う歯による通院者割合を集計対象者全体でみた場合、第3回調査（2歳6か月）では6.9%であったが、その後調査回を重ねるごとに上昇し、第7回調査（7歳）で40.2%に至っている。その後は低下し、第12回調査（12歳）では24.9%となっている。（図1）[2]

図1　う歯による通院者の割合の推移

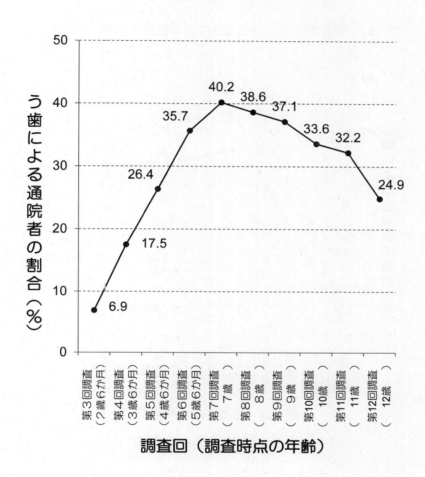

---

[2] 学校保健統計速報（平成28年度）によれば，う歯の被患率は5歳で35.6%，6歳で42.8%，7歳で50.5%と徐々に上昇し，8歳で55.5%（9歳も同値）で最大を示し，10歳以降は低下する。学校保健統計を単純に比較することはできないが，う歯での受診率が徐々に上昇し，小学校入学後は低下するという図1の結果は，う歯の被患率の動向とも整合性のある結果であると考えられる。

（2）対象者の属性別にみたう歯による通院者の割合の推移

　図2-1から図2-3では、対象者の基本的な属性や家族構成別に、う歯による通院者の割合の推移を集計した結果を示している。出生順位別にみると第1子が最も低く、第3子以降で高い水準で推移していた（図2-1）。また、祖父母と同居している集団で高く（図2-2）、同居するきょうだいがいない集団で低い傾向がみられた（図2-3）。性別、出生体重別、対象児の出生時点での母親の年齢別にみた場合には、顕著な差はみられなかった（参考図1から参考図3）。

図2-1　出生順位別にみたう歯による通院者の割合の推移

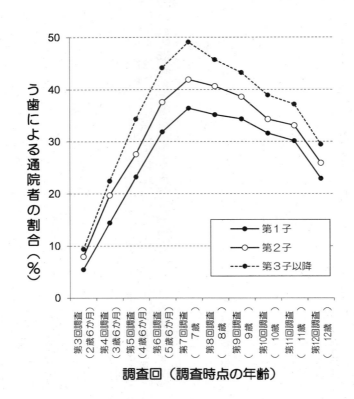

図2-2　祖父母との同居の有無別にみたう歯による通院者の割合の推移

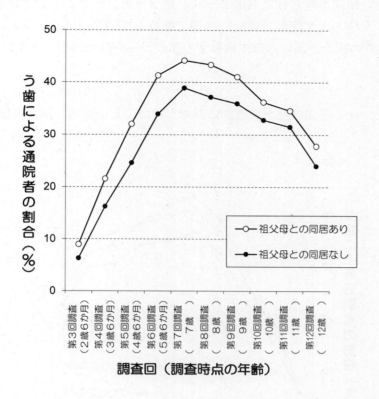

図2-3　同居のきょうだいの有無別にみたう歯による通院者の割合の推移

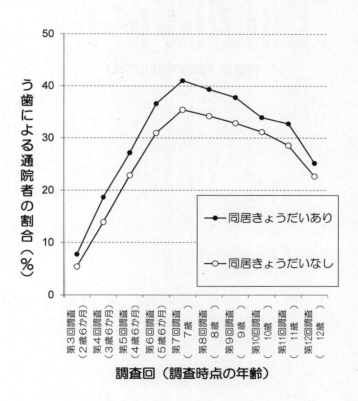

33

社会経済状況別にみると、21大都市や関東Ⅰ（埼玉県、千葉県、東京都、神奈川県）で低く、四国や南九州などで高い傾向がみられた（図２－４、図２－５）。また、母の最終学歴については、高卒以下では高く、大学・大学院卒では低い水準で推移していた（図２－６）。等価所得が低いほど、う歯による通院者の割合が高い水準で推移する傾向がみられた（図２－７）。

図２-４　居住の都市規模別にみたう歯による通院者の割合の推移

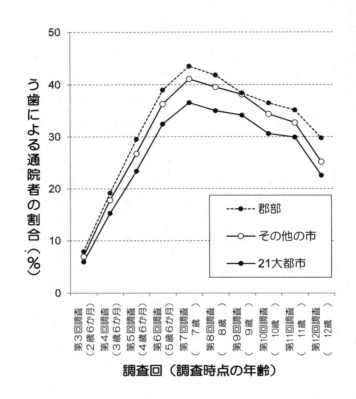

図2-5　居住の地方別にみたう歯による通院者の割合の推移

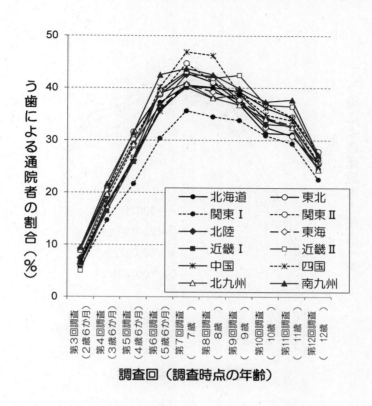

図2-6　母親の最終学歴別にみたう歯による通院者の割合の推移

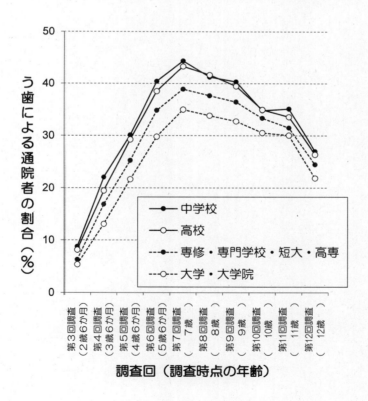

35

図2-7　等価所得別にみたう歯による通院者の割合の推移

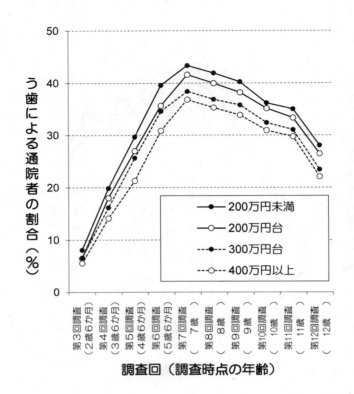

生活習慣状況別にみると、平日のゲーム時間やテレビ視聴時間が長いほど、う歯による通院者の割合が高い水準で推移しており、特にテレビ視聴時間については1時間未満と3時間以上の間に著明な差がみられた（図2－8、図2－9）。また、父母のどちらにも喫煙習慣がない子の集団よりも、いずれかからの受動喫煙に曝されている子の集団は比較的高い水準を推移していた（図2－10）。

図2-8　平日のゲーム時間別にみたう歯による通院者の割合の推移

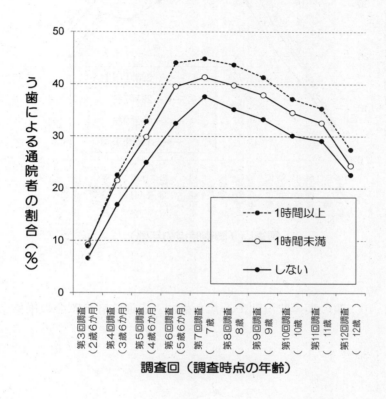

図2-9　平日のテレビ視聴時間別にみたう歯による通院者の割合の推移

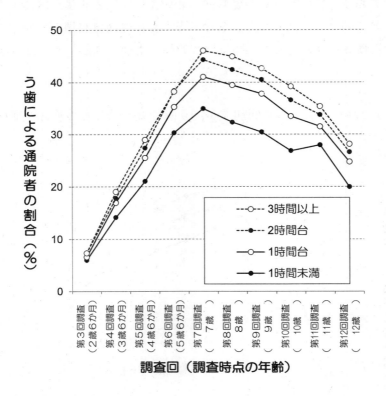

図2-10　親の喫煙状況別にみたう歯による通院者の割合の推移

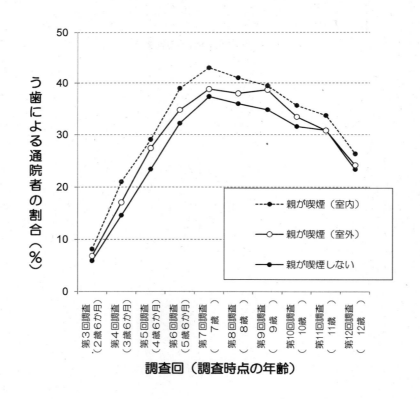

（３）食生活習慣・歯磨き習慣とう歯による通院経験の有無の関係
　第3回調査における、おやつについて家庭で気をつけていることに関する質問への回答からみると、特に時間を決めているか否かと甘いものを少なくするようにしているか否かによって、う歯による通院者の割合に著明な差がみられた（図2－11－1、図2－11－2）。歯磨き習慣に関しては、第3回調査における歯磨き習慣の有無、第4回調査における歯の仕上げ磨きを意識して行っているか否か、第5回調査における歯磨きの状況（自分からする、言われれば自分でする、自分でしない）の三つの質問項目への回答別にみたところ、特に第3回調査で歯磨き習慣がなかった集団と第4回調査で歯の仕上げ磨きを意識して行っていなかった集団でう歯による通院者の割合が比較的高く、一方、第5回調査において自分から歯磨きをしていた集団で低い水準で推移していた（図2－12－1、図2－12－2、図2－12－3）。

図2－11－1　第3回調査時点のおやつで気をつけていること
「時間を決めている」の有無別にみたう歯による通院者の割合の推移

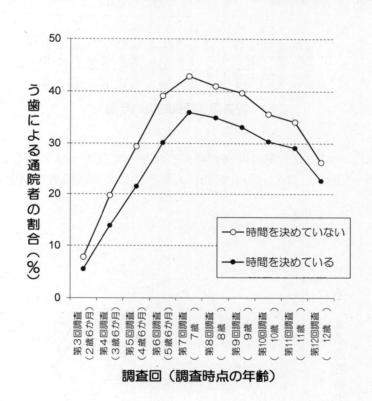

図2-11-2　第3回調査時点のおやつで気をつけていること
「甘いものは少なくするようにしている」の有無別にみたう歯による通院者の割合の推移

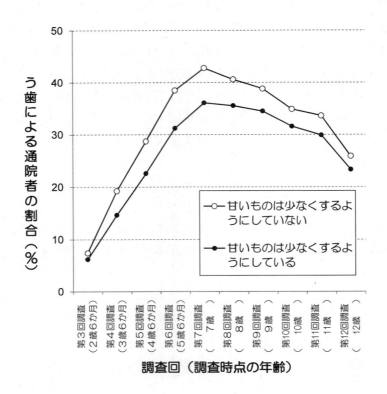

図2-11-3　第3回調査時点のおやつで気をつけていること
「栄養に注意している」の有無別にみたう歯による通院者の割合の推移

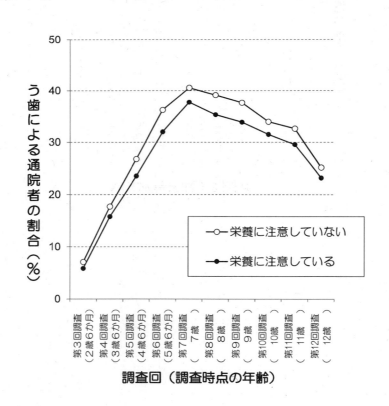

図2-11-4 第3回調査時点のおやつで気をつけていること
「手作りのものにしている」の有無別にみたう歯による通院者の割合の推移

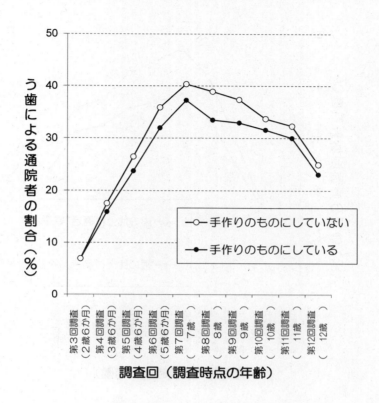

図2-12-1 第3回調査時点の歯磨き習慣の有無別にみた
う歯による通院者の割合の推移

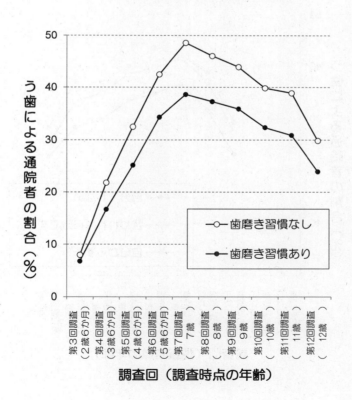

図2-12-2 第4回調査時点の歯の仕上げ磨きの有無別にみた
う歯による通院者の割合の推移

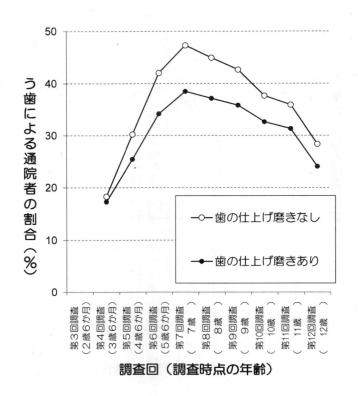

図2-12-3 第5回調査時点の歯磨きの状況別にみたう歯による通院者の割合の推移

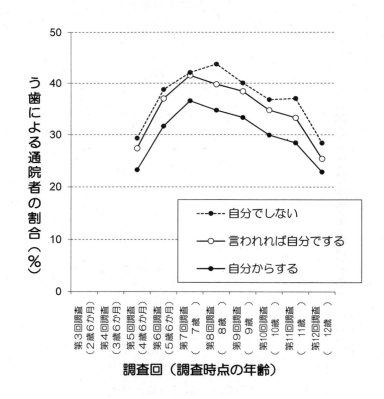

（４）う歯による通院の関連要因の検討

（１）から（３）の結果のとおり、幼児期から学童期にわたる種々の属性の違いにより、う歯による通院者の割合には差がみられた。しかし、ここまでの結果は１つの変数とう歯による受診者割合との関連をみたにすぎない。属性同士が相互に関係しており、互いを介在してう歯による通院に影響を与えている可能性があり、その場合、各属性とう歯による受診確率の間の関連はみせかけの関係にすぎない。そのため、こうした要因（属性）間の交絡を適切に考慮したうえで、う歯による通院への影響を推定する必要がある。

以下では、う歯による通院に影響を与えている要因を明らかにするため、う歯よる通院の有無を被説明変数とし、種々の要因を説明変数とする多変量ロジスティック回帰分析による統計解析を行い、各要因のオッズ比[3]を算出した。その際、同一個人について時間を追ってデータを繰り返し収集する縦断調査の強みをいかし、個人と時間を識別した上で統計モデルの推定を行った。

モデルの推定に用いた説明変数としては、基礎的属性（性別、出生順位、出生体重、出生時の母の年齢、祖父母との同居の有無、同居するきょうだいの有無）、社会経済状況に関する属性（居住地の市郡の別ならびに地方、母の最終学歴、等価所得）、さらに生活習慣状況に関する属性としては、平日のテレビ視聴時間（第３回調査～第 12 回調査）、平日のゲーム時間（第４回調査～第 12 回調査）、親の喫煙状況（第３回、第５回、第９回調査）、おやつについて家庭で気をつけていること（第３回調査）、歯磨き習慣の状況（第３～５回調査）である。（変数の詳細は表１を参照。）

表３は統計解析から得られたう歯による通院のオッズ比を要因別に示している。う歯による通院と統計的に意味のある関連を示したのは、出生順位、出生体重、出生時の母の年齢、祖父母との同居の有無、同居するきょうだいの有無、居住地の市郡の別ならびに地方、母の最終学歴、等価所得、平日のテレビの視聴時間とゲーム時間、親の喫煙状況、おやつの時間を決めている、おやつで甘いものを少なくするようにしている、歯磨き習慣の状況であった。

変数別に、特にう歯による通院の可能性が高い属性をみていくと、第３子以降は第１子に比べて62％高く、居住地では関東Ⅰ（埼玉県、千葉県、東京都、神奈川県）に比べて関東Ⅱ（茨城県、栃木県、群馬県、山梨県、長野県）、近畿 Ⅱ（奈良県、和歌山県、滋賀県）、四国、南九州で 30％以上高く、おやつの時間を決めていない集団では決めている集団に比べて44％高かった。歯磨き習慣については、う歯により通院する可能性は、第３回調査の時点で歯磨き習慣があった集団に比べて歯磨き習慣がなかった集団で35％高く、第５回調査の時点で歯磨きを自分からしていた集団に比べて自分でしなかった集団で50％高かった。

---

[3] オッズとは、確率論で確率を示す数値で「見込み」を示し、ある事象が発生する確率をｐとしたとき、その事象が起きない確率(1−p)に対する罹患／非罹患オッズの比、すなわち p/(1−p)を意味する。オッズ比とは二つのオッズの比のことであり、ある事象の起こりやすさを２つの群の間で比較する統計学的尺度である。第１群のオッズ比を分子、第２群のオッズ比を分母としたとき、オッズ比が１の場合、対象とする事象の起こりやすさが２群間で等しく、１より大きい（小さい）場合、第１群（第２群）で事象がより起こりやすいことを意味している。

表3　う歯による通院のオッズ比に関するパネル・ロジット推定結果

変数		オッズ比	（95%信頼区間）	
性別				
	男児	1.02	(0.97, 1.06)	
	女児	基準値		
出生順位				
	第1子	基準値		
	第2子	1.31	(1.24, 1.38)	**
	第3子以降	1.62	(1.51, 1.74)	**
出生体重				
	2500g未満	基準値		
	2500〜2999g	1.12	(1.03, 1.21)	*
	3000〜3499g	1.19	(1.10, 1.29)	**
	3500g以上	1.24	(1.12, 1.36)	**
出生時の母の年齢				
	15〜24歳	1.23	(1.13, 1.33)	**
	25〜29歳	基準値		
	30〜34歳	1.01	(0.96, 1.06)	
	35歳以上	1.13	(1.06, 1.22)	**
祖父母との同居の有無				
	なし	基準値		
	あり	1.16	(1.12, 1.21)	**
同居するきょうだいの有無				
	なし	基準値		
	あり	1.15	(1.09, 1.21)	**
市郡				
	21大都市	基準値		
	その他の都市	1.06	(1.01, 1.11)	*
	郡部	1.14	(1.06, 1.22)	**
地方				
	北海道	1.15	(1.03, 1.29)	*
	東北	1.17	(1.07, 1.28)	**
	関東I	基準値		
	関東II	1.33	(1.23, 1.45)	**
	北陸	1.17	(1.05, 1.29)	*
	東海	1.14	(1.07, 1.23)	**
	近畿I	1.22	(1.14, 1.30)	**
	近畿II	1.33	(1.18, 1.49)	**
	中国	1.26	(1.15, 1.38)	**
	四国	1.33	(1.17, 1.50)	**
	北九州	1.26	(1.16, 1.38)	**
	南九州	1.38	(1.24, 1.53)	**
母の最終学歴				
	中学校	1.20	(1.06, 1.36)	*
	高校	1.20	(1.12, 1.28)	**
	専修・専門学校・短大・高専	1.11	(1.04, 1.19)	*
	大学・大学院	基準値		
	その他・欠損値	1.18	(0.98, 1.43)	
等価所得				
	200万円未満	1.11	(1.05, 1.16)	**
	200万円台	1.10	(1.05, 1.15)	**
	300万円台	1.05	(1.01, 1.10)	*
	400万円以上	基準値		
	欠損値	0.99	(0.92, 1.06)	

表3　う歯による通院のオッズ比に関するパネル・ロジット推定結果（つづき）

変数		オッズ比	（95%信頼区間）	
平日のテレビ視聴時間				
	1時間未満	基準値		
	1時間台	1.11	(1.07, 1.15)	**
	2時間台	1.16	(1.12, 1.21)	**
	3時間以上	1.20	(1.15, 1.26)	**
	欠損値	0.99	(0.86, 1.15)	
平日のゲーム時間				
	しない	基準値		
	1時間未満	1.09	(1.06, 1.12)	**
	1時間以上	1.08	(1.05, 1.12)	**
	欠損値	0.88	(0.77, 1.01)	
親の喫煙状況				
	喫煙なし	基準値		
	受動喫煙なし	1.13	(1.07, 1.19)	**
	受動喫煙あり	1.17	(1.13, 1.21)	**
	欠損値	1.24	(1.16, 1.31)	**
おやつで気をつけていること（第3回調査） 時間を決めている				
	該当する	基準値		
	該当しない	1.44	(1.37, 1.50)	**
甘いものは少なくするようにしている				
	該当する	基準値		
	該当しない	1.22	(1.16, 1.27)	**
栄養に注意している				
	該当する	基準値		
	該当しない	1.05	(0.98, 1.12)	
手作りのものにしている				
	該当する	基準値		
	該当しない	1.03	(0.93, 1.13)	
歯磨き習慣の有無（第3回調査）				
	あり	基準値		
	なし	1.35	(1.27, 1.43)	**
	欠損値	1.12	(0.86, 1.46)	
歯の仕上げ磨きの有無（第4回調査）				
	あり	基準値		
	なし	1.08	(1.03, 1.15)	*
歯磨きの状況（第5回調査）				
	自分からする	基準値		
	言われれば自分でする	1.30	(1.23, 1.36)	**
	自分でしない	1.50	(1.36, 1.64)	**
	欠損値	1.58	(1.01, 2.45)	*

注：多変量ロジスティック回帰モデルにより調整

*P<0.05；** P<0.01

1－4　まとめ

　本分析結果から、幼児期のおやつの習慣、特に時間を決めることと甘いものを少なくすることや、歯磨きの習慣を身につけることが、その後のう歯による通院の可能性を低下させるために有効である可能性が示された。また、居住地域や保護者の社会経済的地位により、う歯による通院の有無に差が生じている可能性が示された。ただし、本分析の限界として、う歯があるにもかかわらず何らかの事情で通院できなかったケースについては、調査データから把握することが不可能であるため、考慮されていないことに留意する必要がある。

参考図

参考図1　性別にみたう歯による通院者の割合の推移

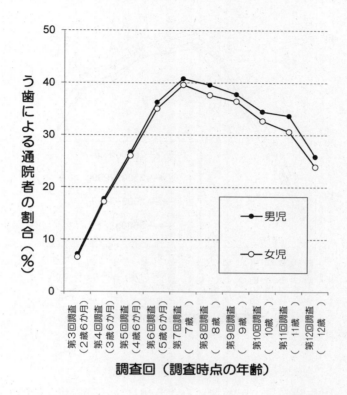

参考図2　出生体重別にみたう歯による通院者の割合の推移

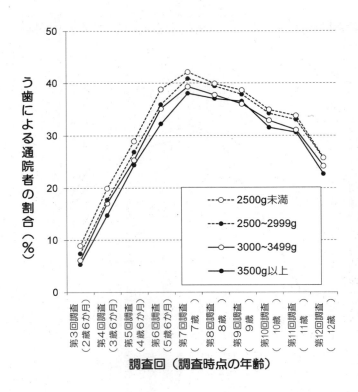

参考図3　出生時の母の年齢別にみたう歯による通院者の割合の推移

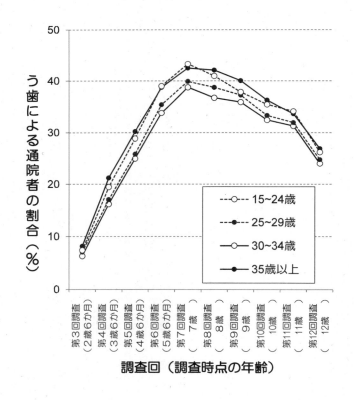

2 乳児期の受動喫煙の有無と成長の関係：親の喫煙状況別にみた子どもの過体重・肥満率

2-1 はじめに

　受動喫煙とは、非喫煙者が身の回りのたばこの煙を吸ってしまうことを意味する。これまで受動喫煙によって喫煙習慣をもたない者の肺がん、循環器疾患等の危険性が増大することが明らかにされてきた。また、特に子どもの場合では、喘息の既往、乳幼児突然死症候群（ＳＩＤＳ）との関連が明らかにされてきた[1]。このような結果を受け、近年では世界的な動きとして公共の場所等での禁煙化が進められている[2]。

　本章では、子どもの乳児期における親の喫煙状況と受動喫煙がその後の子どもの過体重・肥満率に与える影響を分析する。21 世紀出生児縦断調査では、第１回調査（生後６か月）における調査対象児の父親・母親の喫煙習慣の有無だけではなく、喫煙する場所（室内で喫煙するか否か）についても質問している。そのため、本調査は父親・母親の喫煙状況のみならず、子どもの受動喫煙の影響についても分析が可能である。この特徴をいかし、家庭における親の喫煙状況・子どもの受動喫煙と過体重・肥満の関係を明らかにする。

2-2 集計・分析の方法と分析対象者

　以下では、第１回調査（生後６ヶ月）における父親及び母親の喫煙状況別に、第３回調査（２歳６か月）から第13回調査（13歳）の各時点における対象児の過体重・肥満率を算出する。集計・分析の対象とするのは、21 世紀出生児縦断調査（平成 13 年出生児）の調査対象者である平成 13 年１月 10～17 日及び７月 10～17 日に日本国内で出生した全ての子のうち、第１回調査（生後６か月）における親の喫煙状況に関する回答が有効かつ第３回調査（２歳６か月）から第13回調査（13歳）までの各回調査で分析に用いた変数の値が有効な者である。さらに、身長・体重の測定日が各調査回の実施日の前後 180 日未満の者とした。（調査回別の分析対象者数は表１のとおり。）

　親の喫煙状況については、第１回調査（生後６ヶ月）時に父親及び母親の喫煙の有無と喫煙する場所（室内で喫煙するか否か）についての項目を用いている。調査票では、調査の回答者に対し、調査対象児の父親と母親のそれぞれについて、「たばこを吸っていますか」という問いと「１．吸っていない」と「２．吸っている」という選択肢を示し、いずれかにあてはまる番号に〇をつける形式になっている。さらに、「２．吸っている」を選択した場合には、補問として「１．室内で吸う」と「２．室内では吸わない」という２つの選択肢を示し、該当する一つに〇をつける。この調査項目を用いて、乳児期の親の喫煙状況を「非喫煙群」、「喫煙群（子の受動喫煙なし）」、「喫煙群（子の受動喫煙あり）」の３群に分類した。本分析においては父親と母親のどちらか一方でも吸っていれば喫煙習慣ありとし、父親と母親のどちらか一方でも室内で吸っていれば「喫煙群（子の受動喫煙あり）」、父親と母親のどちらも屋内で吸っていなければ「喫煙群（子の受動喫煙なし）」、父親と母親のどちらも吸っていない場合を「非喫煙群」としている（調査票の選択肢の構成と群の分類は表１のとおり）。

---

[1] 厚生労働省　喫煙の健康影響に関する検討会　「喫煙と健康—喫煙の健康影響に関する検討会報告書—」　（平成 28 年 8 月）

[2] わが国においても受動喫煙の対策は進められている。特に子どもの受動喫煙の防止については、平成 27 年度より開始された「健やか親子 21（第 2 次）」において、平成 36 年度までに育児期間中の両親の喫煙率を父親は 41.5%〔平成 25 年度〕から 20.0%に、母親は 8.1%（平成 25 年度）から 4.0%に減少させることが目標として示されている。

過体重・肥満の基準については、まず、各調査回の対象児の身長・体重の値を用いて、体重（キログラム）を身長（メートル）の二乗で除して、体格指数(body mass index；BMI)を算出した。対象児の身長と体重は、回答者が調査票に記入する形式で回答を求めている。また、身長と体重の測定日についても同様の方法で調査している。この身長と体重の測定日と対象児の出生日から、月齢を算出した。そして、国際肥満タスクフォース(International Obesity Task Force)が生後 24 ヶ月以上について作成した 18 歳時 BMI=25.0 kg/㎡ に相当する性別・月齢別カットオフ値（Cole et al. 2000）を用いて過体重・肥満を定義した。なお、年齢別の過体重・肥満率の動向は、性別による違いがある。そのため、以下で行う親の喫煙状況・受動喫煙の状況別の集計・分析についても男女別に行うこととした。

表 1　分析対象者数（性別・調査回別・第 1 回調査時点の親の喫煙状況別）

調査回	データ件数	分析対象者数	第 1 回調査時点の親の喫煙行動		
			非喫煙	喫煙 受動喫煙なし	受動喫煙あり
		男児			
3	22,216	16,245 (100.0)	6,253 (38.5)	4,298 (26.5)	5,694 (35.1)
4	21,587	17,422 (100.0)	6,651 (38.2)	4,560 (26.2)	6,211 (35.7)
5	20,715	17,045 (100.0)	6,552 (38.4)	4,481 (26.3)	6,012 (35.3)
6	20,016	15,811 (100.0)	6,195 (39.2)	4,129 (26.1)	5,487 (34.7)
7	19,094	15,240 (100.0)	6,033 (39.6)	3,942 (25.9)	5,265 (34.5)
8	18,792	15,622 (100.0)	6,193 (39.6)	4,054 (26.0)	5,375 (34.4)
9	18,353	15,389 (100.0)	6,160 (40.0)	3,965 (25.8)	5,264 (34.2)
10	17,721	14,956 (100.0)	5,989 (40.0)	3,860 (25.8)	5,107 (34.1)
11	17,027	14,577 (100.0)	5,881 (40.3)	3,765 (25.8)	4,931 (33.8)
12	16,591	14,185 (100.0)	5,729 (40.4)	3,663 (25.8)	4,793 (33.8)
13	15,663	13,291 (100.0)	5,474 (41.2)	3,398 (25.6)	4,419 (33.2)
		女児			
3	20,596	14,977 (100.0)	5,804 (38.7)	4,025 (26.9)	5,148 (34.4)
4	19,972	16,110 (100.0)	6,237 (38.7)	4,339 (26.9)	5,534 (34.4)
5	19,102	15,692 (100.0)	6,067 (38.6)	4,223 (26.9)	5,402 (34.4)
6	18,524	14,521 (100.0)	5,692 (39.2)	3,891 (26.8)	4,938 (34.0)
7	17,704	14,099 (100.0)	5,616 (39.8)	3,772 (26.8)	4,711 (33.4)
8	17,359	14,491 (100.0)	5,759 (39.7)	3,888 (26.8)	4,844 (33.4)
9	16,922	14,269 (100.0)	5,675 (39.8)	3,847 (27.0)	4,747 (33.3)
10	16,424	14,085 (100.0)	5,640 (40.0)	3,798 (27.0)	4,647 (33.0)
11	15,886	13,797 (100.0)	5,536 (40.1)	3,675 (26.6)	4,586 (33.2)
12	15,474	13,351 (100.0)	5,394 (40.4)	3,531 (26.4)	4,426 (33.2)
13	14,668	12,163 (100.0)	4,915 (40.4)	3,214 (26.4)	4,034 (33.2)

表2　親の喫煙行動に関する質問の形式（第1回調査・生後6か月）と親の喫煙状況の分類

【質問】		【補問】		親の喫煙状況の分類
たばこを吸っていますか。あてはまる番号に○をつけてください。「吸っている」と答えた方は家庭ではどうかの補問にお答えください。				
1. 吸っていない			→	非喫煙群
2. 吸っている	→	1. 室内で吸う	→	喫煙群（子の受動喫煙あり）
		2. 室内では吸わない	→	喫煙群（子の受動喫煙なし）

注：調査票では、父親と母親のそれぞれについて回答を求めている。父親と母親で喫煙習慣が異なる場合、どちらか一方でも吸っていれば喫煙習慣ありとし、父親と母親のどちらか一方でも室内で吸っていれば「喫煙群（子の受動喫煙あり）」、父親と母親のどちらも屋内で吸っていなければ「喫煙群（子の受動喫煙なし）」、父親と母親のどちらも吸っていない場合のみを「非喫煙群」とした。

2－3　集計の結果

　第3回調査（2歳6か月）から第13回調査（13歳）の各調査回について、乳児期における親の喫煙状況別に子の過体重・肥満率を算出した結果が図1（男児）と図2（女児）である。男児・女児ともに、「喫煙群（子の受動喫煙あり）」が最も過体重・肥満率が高く、次いで「喫煙群（子の受動喫煙なし）」が高く、「非喫煙群」が最も低いという結果になった。

　男児の場合、過体重・肥満率を「非喫煙群」と比較すると、「喫煙群（子の受動喫煙なし）」では第6回調査（5歳6か月）以降、約20〜30%高く、「喫煙群（子の受動喫煙あり）」では第5回調査（4歳6か月）以降、約20〜60%高かった（表3の「他の変数による調整なし」を参照）。また、女児の場合、過体重・肥満率を非喫煙群と比較すると「喫煙群（子の受動喫煙なし）」では第6回調査（5歳6か月）以降、約20〜30%高く、「喫煙群（子の受動喫煙あり）」では第3回調査（2歳6か月）以降、約20〜70%高かった（表4の「他の変数による調整なし」を参照）。

図1　第1回調査時点の受動喫煙の有無別にみた対象児の過体重・肥満率：男児

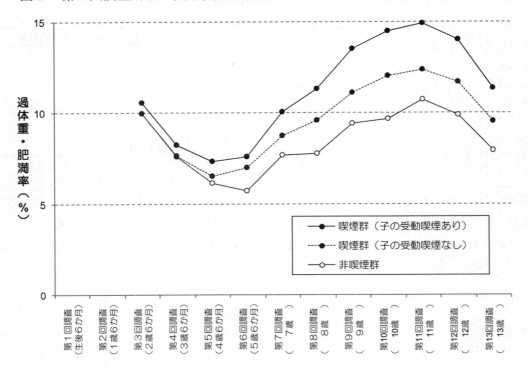

図2　第1回調査時点の受動喫煙の有無別にみた対象児の過体重・肥満率：女児

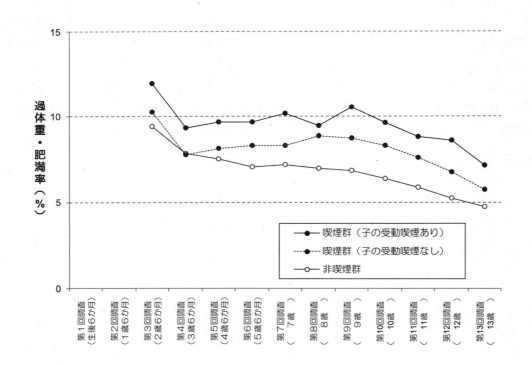

２－４　他の要因からの影響を調整した後の親の喫煙状況別の過体重・肥満率

　２－３のとおり、乳児期における親の喫煙状況の違いによって子の過体重・肥満率に差がみられた。しかし「非喫煙群」、「喫煙群（子の受動喫煙なし）」及び「喫煙群（子の受動喫煙あり）」の間で、親の特徴や家族構成等の生活環境、生活習慣などの要因が異なっており、これらの要因が子どもの過体重・肥満率への影響を及ぼしている可能性がある。そのため、親の喫煙状況・子どもの受動喫煙の有無が子の過体重・肥満に及ぼす影響を検討する際には、それ以外の要因による影響についても適切に考慮する必要がある。

　そこで、統計学的分析方法を用いて、他の要因からの影響を調整した上で、親の喫煙状況が子の過体重・肥満に及ぼす影響を推定した。具体的には、多変量ロジスティック回帰分析を、性別・調査回別に行った。その際、被説明変数には、子の過体重・肥満を１、それ以外を０とする変数を用いた。説明変数として、親の喫煙状況の基準値は「非喫煙群」とした。他の要因では、まず基礎情報として、出生体重、出生時の母の年齢、父母の最終学歴、家族構成（祖父母との同居の有無、同居するきょうだいの有無）、居住地、身長・体重の測定月を用いた。次に、生活習慣に関連する情報として、母の間食・夜食の習慣の有無（第２回調査の値を第３回調査～第６回調査の調整に使用）、子の朝食欠食の有無、就寝時間、テレビ視聴時間（第３回調査～第12回調査）、ゲーム時間（第４回調査～第12回調査）、運動系部活動参加の有無（第13回調査）を追加した。

　はじめに「非喫煙群」と「喫煙群（子の受動喫煙なし）」について基礎情報を用いた調整を行ったところ、過体重・肥満率の差は男女ともに縮小し（図３－１、図４－１）、第８～12回調査において約15～20％となった（表３、表４）。さらに生活習慣関連情報を追加して調整を行ったが（図３－２、図４－２）、「非喫煙群」と「喫煙群（子の受動喫煙なし）」の間の差に著明な追加的変化はなかった（表３、表４）。

　次に「非喫煙群」と「喫煙群（子の受動喫煙あり）」について基礎情報を用いた調整を行ったところ、男児では第６回調査（５歳６か月）以降、女児では第３回調査（２歳６か月）以降で差が縮小し約20～40％となった（表３、表４）。さらに生活習慣関連情報を追加した調整を行うと、第８回調査（８歳）～第12回調査（12歳）において、男児では約30～40％から約20～30％に、女児では約30～40％から約20～40％に差は縮小した（表３、表４）。

　「非喫煙群」と「喫煙群（子の受動喫煙なし）」の間、若しくは「非喫煙群」と「喫煙群（子の受動喫煙あり）」の間にみられる過体重・肥満率の差は、基礎情報ないし生活習慣関連情報を用いた調整によって縮小した。しかし、種々の要因からの影響を調整した結果においても、「非喫煙群」よりも「喫煙群（子の受動喫煙なし）」、若しくは「非喫煙群」よりも「喫煙群（子の受動喫煙あり）」の過体重・肥満率が高い傾向は統計的に有意であった。

図3-1　第1回調査時点の受動喫煙の有無別にみた対象児の過体重・肥満率（男児）
：基礎情報のみで調整

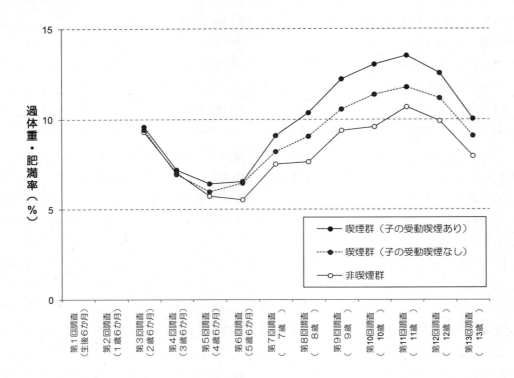

図3-2　第1回調査時点の受動喫煙の有無別にみた対象児の過体重・肥満率（男児）
：基礎情報と生活習慣関連情報で調整

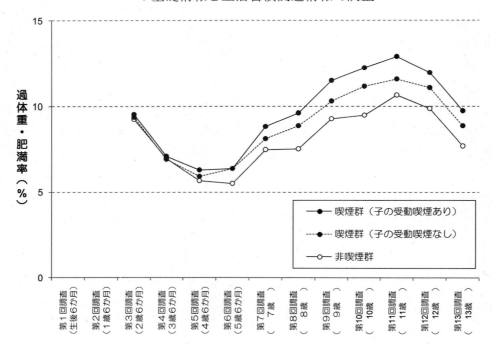

図4－1　第1回調査時点の受動喫煙の有無別にみた対象児の過体重・肥満率（女児）
：基礎情報のみで調整

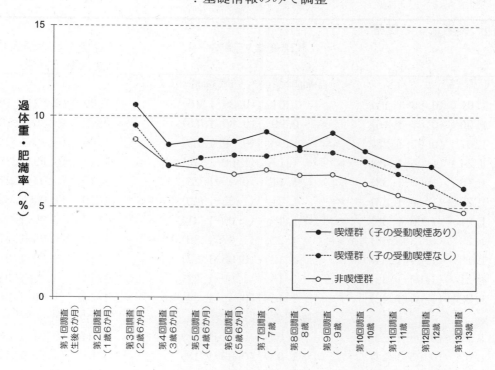

図4－2　第1回調査時点の受動喫煙の有無別にみた対象児の過体重・肥満率（女児）
：基礎情報と生活習慣関連情報で調整

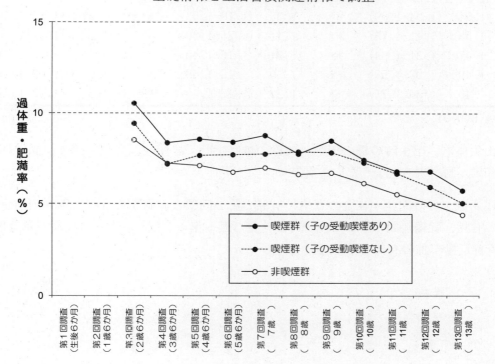

表3　第1回調査時点における親の喫煙状況（基準値：非喫煙群）による男児の過体重・肥満の
オッズ比

調査回	他の変数による調整 なし			基礎変数で調整			基礎変数と生活習慣 関連変数で調整		
受動喫煙のない喫煙群									
3	1.01	(0.88-1.14)		1.01	(0.89-1.16)		1.02	(0.89-1.16)	
4	1.00	(0.87-1.16)		0.99	(0.85-1.15)		0.99	(0.86-1.15)	
5	1.07	(0.92-1.25)		1.05	(0.89-1.23)		1.05	(0.89-1.23)	
6	1.24	(1.06-1.46)	*	1.18	(1.00-1.39)		1.17	(0.99-1.38)	
7	1.15	(1.00-1.33)		1.11	(0.95-1.28)		1.10	(0.94-1.27)	
8	1.27	(1.10-1.46)	**	1.21	(1.05-1.40)	*	1.20	(1.04-1.39)	*
9	1.21	(1.06-1.38)	*	1.15	(1.00-1.31)	*	1.13	(0.99-1.29)	
10	1.29	(1.13-1.46)	**	1.22	(1.07-1.39)	*	1.20	(1.05-1.37)	*
11	1.18	(1.04-1.34)	*	1.12	(0.98-1.27)		1.10	(0.96-1.25)	
12	1.21	(1.06-1.39)	*	1.15	(1.00-1.31)	*	1.14	(0.99-1.31)	
13	1.22	(1.05-1.42)	*	1.15	(0.99-1.34)		1.17	(1.00-1.36)	
受動喫煙のある喫煙群									
3	1.07	(0.95-1.20)		1.03	(0.91-1.17)		1.04	(0.91-1.18)	
4	1.09	(0.96-1.24)		1.03	(0.89-1.18)		1.02	(0.89-1.17)	
5	1.20	(1.05-1.38)	*	1.12	(0.97-1.30)		1.12	(0.96-1.30)	
6	1.36	(1.17-1.57)	**	1.20	(1.02-1.40)	*	1.17	(1.00-1.37)	*
7	1.34	(1.18-1.53)	**	1.23	(1.07-1.42)	*	1.20	(1.04-1.38)	*
8	1.51	(1.33-1.71)	**	1.39	(1.22-1.59)	**	1.31	(1.14-1.50)	**
9	1.51	(1.34-1.69)	**	1.35	(1.19-1.53)	**	1.27	(1.12-1.44)	**
10	1.58	(1.41-1.78)	**	1.41	(1.25-1.60)	**	1.32	(1.17-1.50)	**
11	1.47	(1.31-1.64)	**	1.31	(1.16-1.48)	**	1.25	(1.10-1.41)	**
12	1.49	(1.32-1.68)	**	1.30	(1.15-1.48)	**	1.24	(1.09-1.41)	**
13	1.49	(1.30-1.71)	**	1.29	(1.12-1.49)	**	1.31	(1.13-1.51)	**

* $P<0.05$; ** $P<0.01$

基礎変数：出生体重、出生時の母の年齢、父母の最終学歴、居住地、身長・体重の測定月、祖父母との同居の有無、同居するきょうだいの有無

生活習慣関連変数：母の間食・夜食の習慣の有無（第2回調査の値を第3回～第6回で使用）、子の朝食欠食の有無、就寝時間、テレビ視聴時間（第3回～第12回）、ゲーム時間（第4回～第12回）、運動系部活動参加の有無（第13回）

表4　第1回調査時点における親の喫煙状況（基準値：非喫煙群）による女児の過体重・肥満の
オッズ比

調査回	他の変数による調整 なし			基礎変数で調整			基礎変数と生活習慣 関連変数で調整		
受動喫煙のない喫煙群									
3	1.09	(0.95-1.25)		1.09	(0.95-1.26)		1.11	(0.96-1.27)	
4	0.99	(0.86-1.15)		0.99	(0.86-1.15)		0.99	(0.86-1.15)	
5	1.10	(0.95-1.27)		1.09	(0.94-1.26)		1.09	(0.94-1.27)	
6	1.20	(1.03-1.40)	*	1.17	(1.00-1.36)		1.16	(0.99-1.36)	
7	1.18	(1.01-1.37)	*	1.13	(0.96-1.32)		1.13	(0.96-1.32)	
8	1.30	(1.12-1.51)	**	1.23	(1.05-1.43)	*	1.21	(1.03-1.41)	*
9	1.30	(1.12-1.52)	**	1.20	(1.02-1.40)	*	1.19	(1.01-1.39)	*
10	1.33	(1.14-1.56)	**	1.21	(1.03-1.42)	*	1.20	(1.02-1.41)	*
11	1.32	(1.12-1.56)	**	1.22	(1.03-1.44)	*	1.22	(1.03-1.45)	*
12	1.32	(1.10-1.57)	*	1.21	(1.01-1.45)	*	1.20	(1.00-1.44)	*
13	1.23	(1.01-1.50)	*	1.13	(0.92-1.38)		1.16	(0.95-1.42)	
受動喫煙のある喫煙群									
3	1.31	(1.16-1.48)	**	1.25	(1.09-1.42)	*	1.26	(1.11-1.44)	**
4	1.21	(1.06-1.37)	*	1.17	(1.02-1.34)	*	1.17	(1.02-1.34)	*
5	1.32	(1.16-1.51)	**	1.24	(1.07-1.42)	*	1.22	(1.06-1.41)	*
6	1.41	(1.23-1.62)	**	1.29	(1.11-1.49)	**	1.26	(1.09-1.46)	*
7	1.47	(1.28-1.69)	**	1.33	(1.15-1.54)	**	1.28	(1.10-1.48)	*
8	1.40	(1.22-1.61)	**	1.25	(1.08-1.45)	*	1.18	(1.02-1.37)	*
9	1.60	(1.39-1.84)	**	1.37	(1.19-1.59)	**	1.30	(1.12-1.50)	**
10	1.56	(1.35-1.81)	**	1.31	(1.13-1.53)	**	1.23	(1.06-1.44)	*
11	1.55	(1.33-1.80)	**	1.31	(1.12-1.54)	**	1.24	(1.06-1.46)	*
12	1.71	(1.46-2.01)	**	1.44	(1.22-1.71)	**	1.38	(1.17-1.63)	**
13	1.55	(1.30-1.85)	**	1.31	(1.08-1.58)	*	1.33	(1.10-1.60)	*

* P<0.05；** P<0.01

基礎変数：出生体重、出生時の母の年齢、父母の最終学歴、居住地、身長・体重の測定月、祖父母
との同居の有無、同居するきょうだいの有無

生活習慣関連変数：母の間食・夜食の習慣の有無（第2回調査の値を第3回〜第6回で使用）、子
の朝食欠食の有無、就寝時間、テレビ視聴時間（第3回〜第12回）、ゲーム時間（第4回〜第12
回）、運動系部活動参加の有無（第13回）

2－5　まとめ

　乳児期の親の喫煙状況が子の過体重・肥満に与える影響について分析した結果、「喫煙群（子どもの受動喫煙あり）」の過体重・肥満率は「非喫煙群」よりも高いことから、受動喫煙が子の過体重・肥満に影響を及ぼしている可能性が示唆される。また、「喫煙群（子どもの受動喫煙なし）」については、「喫煙群（子どもの受動喫煙あり）」よりも子の過体重・肥満に与える影響は小さい可能性がある。ただし、本分析の限界として、調整に含まれていない要因からの影響を除去できていない可能性を排除できないことに留意する必要がある。

（参考文献）

Cole TJ, Bellizzi MC, Flegal KM, Dietz WH. Establishing a standard definition for child overweight and obesity worldwide: international survey. BMJ 2000;320(7244):1240-3.

3 子どもの生活環境、健康状態が保護者の育児負担感に与える影響

3－1　はじめに

　本章では、子どもの生活環境、健康状態が保護者の育児負担感に与える影響を分析する。育児に伴う保護者の負担・悩みの実態を把握し、その解消に努めることは、子どもを育てやすい社会を実現するために必要であるというだけではなく、少子化対策という側面からも重要である[1]。

　21世紀出生児縦断調査では、第1回調査（生後6か月）から第13回調査（13歳）まで、対象児の生活環境や健康状態とととともに、対象児の保護者に対して、子どもを育てていて（もって）負担に思うことを調査している。加えて、第7回調査（6歳）から第12回調査（12歳）にかけては、子どもについての悩みも調査している。このような調査の特性を活かし、子どもがどのような属性をもつ場合に、保護者の子育てにおける負担感が大きい傾向があるのかを明らかにしていく。

　さらに、保護者の育児負担感が強いことが明らかになった属性については、具体的にどのような負担感・悩みを抱える傾向にあるのかを特定していく。子どもの乳幼児期の段階で得られる情報を用いて、将来にわたって保護者の育児負担感が強いと予想される属性を明らかにすることで、長期的な視点に立った子育て支援政策が可能になる。

3－2　集計対象と集計の方法

（1）集計対象

　21世紀出生児縦断調査の調査対象者のうち、第1回調査（生後6か月）から第12回調査（12歳）の全てに連続して回答している 27,582 人を集計の対象とした。これは第1回調査に回答している 47,015 人の 58.7%にあたる。なお、保護者の育児負担感得点（詳細は以下）を集計する際には、「子どもを育てていて（もって）負担に思うこと」ないし「子育てに関する悩み」の質問項目に対して有効な回答を行っていた者のみを集計対象とした。

（2）保護者の育児負担感

　21世紀出生児縦断調査の第1回から第12回調査では、対象児の保護者に対して「子どもを育てていて（もって）負担に思うこと」を調査している。加えて、第7回調査から第12回調査では「子どもに関する悩み」も調査している。調査票では、「子育てによる身体の疲れが大きい」、「子育てで出費がかさむ」といった具体的な選択肢が複数提示され、回答者は該当するもの全てを選択するという形式になっている。（参考1　調査回別にみた子どもを育てていて（もって）負担に思うこと・子どもに関する悩みの選択肢一覧）

　この調査項目から、保護者が「子どもを育てていて（もって）負担に思うこと」若しくは「子どもに関する悩み」として選択した選択肢の数を調査の実施回ごとに合計し、育児負担感の強さを示す得点とみなした。（負担・悩みは特にないという趣旨の選択肢を選んでいる場合は0点とした。）以下では、これを「育児負担感得点」と呼ぶ。

　なお、調査の実施回によって「子どもを育てていて（もって）負担に思うこと」若しくは「子どもに関する悩み」の質問において提示されている選択肢の数は異なっているため、調査の実施回によって育児負担感得点の最大値が異なる（参考1を参照）。よって、調査の実施回ごとの育児負担感得点の推移を、そのまま保護者の育児負担感の強さの推移と考えることはできないという制約がある。（ただし第4回から第6回調査、第7回から第12回調査の各期間中は育児負担感得点の最大値が同一で

---

[1]国立社会保障・人口問題研究所によって行われている第15回出生動向基本調査（2015年実施）においても、予定の子ども数が理想の子ども数を下回ることを予測している夫婦のうち、約2割（17.6%）が「これ以上、育児の心理的・肉体的負担に耐えられないから」という理由を挙げている。また、平成28年6月に閣議決定された「ニッポン一億総活躍プラン」においては、子育て中の保護者の約4割が悩みや不安を抱えていることが指摘されており、妊娠期から子育て期にわたる切れ目ない支援を実現する子育て世代包括支援センターの全国展開が目標とされている。

あるため、各期間中は推移とみなすことができる。）

　しかし、子どもの属性別に育児負担感得点を集計し、その値を全対象児の平均との差や属性間の違いを検討することで、保護者の育児負担感が強い属性を明らかにすることが可能となることから、育児負担感得点を有意義な指標であると考え、集計に用いることとした。集計結果のグラフでは、対象児の生後6か月時点である第1回調査（育児負担感得点の最大得点は8点）、第4回調査から第6回調査（最大得点は19点で共通）、第7回から第12回調査（最大得点は36点で共通）の結果を提示する。

（3）子どもの属性

　本調査は縦断調査（同一の個人を長期間追跡して行う調査）であるため、ある時点（たとえば生後6か月時点）で判明している情報が数年後（たとえば小学校入学後）の対象児・保護者の状況とどのように関連しているかを知ることができるという強みがある。以下では、対象児の基本的属性（性別、出生順位）と生活環境（同居の家族構成）、さらには対象児の健康状態（通院の理由となった病気の種類）別に、「育児負担感がある保護者の割合」と「育児負担感得点」の平均値の集計を行った。

3－3　子どもの基本属性・生活環境別にみた保護者の育児負担感
（1）子どもの基本属性別にみた保護者の育児負担感の推移
　対象児の性別、出生順位別に保護者の育児負担感得点の集計を行った。
　性別にみると、第1回調査ではほとんど差がみられないが、第4回調査から第6回調査、第7回調査から第12回調査の期間においては、女児よりも男児の場合に保護者の育児負担感得点の平均が高い（図1）。
　また、出生順位別にみると、第1回調査を除き、第1子よりも第2子、第2子よりも第3子以降の場合に育児負担感得点が低い。また、多胎児の場合、第1回調査と第4回調査から第5回調査の育児負担感得点の平均が最も高い。第1子よりも第2子、第3子以降の順に育児負担感が低いこと、また、乳児期から幼児期にかけては多胎児の育児負担感が最も高いことがうかがえる。（図2）

図1　対象児の性別にみた保護者の育児負担感得点の平均
（第1回調査、第4回調査から第6回調査、第7回調査から第12回調査）

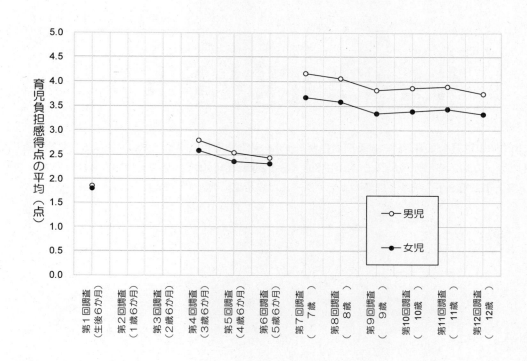

図2　対象児の出生順位別にみた保護者の育児負担感得点の平均
（第1回調査、第4回調査から第6回調査、第7回調査から第12回調査）

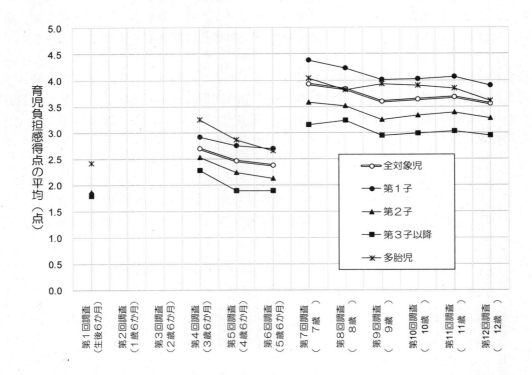

注：出生順位は第1回調査における同居のきょうだい数から算出。単胎・多胎の別は人口動態調査出生票から区別した。なお、多胎児の集計では出生順位（第1回調査における同居の兄姉の有無）は考慮しておらず、第1子、第2子、第3子以降のカテゴリーには多胎児は含んでいない。

（2）同居の家族構成別にみた保護者の育児負担感
　第1回調査（生後6か月）時点の同居の家族構成別に、保護者の育児負担感得点の集計を行った。また、保護者の育児負担感は子供の出生順位によって異なるため、出生順位別に同居の家族構成別の集計も行った。
　第4回調査（3歳6か月）から第6回調査（5歳6か月）、第7回調査（7歳）から第12回調査（12歳）では、「母子・父子世帯」の場合に保護者の育児負担感得点の平均値が最も高い。また、「両親と祖父母」世帯と「両親のみ」世帯を比較すると、第1回調査（生後6か月）と第4回調査（3歳6か月）から第6回調査（5歳6か月）では「両親と祖父母」世帯において保護者の育児負担感得点が低い傾向がみられた。（図3）

図3　第1回調査時点の同居の家族構成別にみた保護者の育児負担感得点の平均
　　（第1回調査、第4回調査から第6回調査、第7回調査から第12回調査）

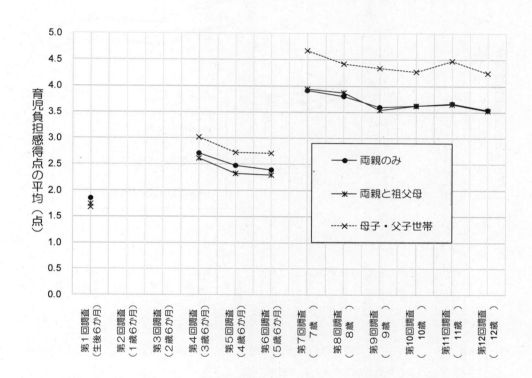

注：父親・母親の双方が対象児と同居している場合を「両親のみ」、父親・母親に加えて対象児の祖父母のうち1人以上が同居している場合を「両親と祖父母」、祖父母の同居・非同居にかかわらず、父親・母親のどちらか、又は父親・母親の双方と同居していない場合を「母子・父子世帯」として集計。

出生順位別にみていくと、第1子の場合、第1回調査、第4回から第6回調査では「両親のみ」の場合よりも「両親と祖父母」の場合において、育児負担感のある保護者の割合が低い傾向がみられるが、第2子と第3子以降ではほとんど差はみられない。しかし、第7回調査から第12回調査における育児負担感得点の平均値をみると、第1子の場合は「両親のみ」と「両親と祖父母」の間にほとんど差はみられないものの、第2子、第3子ではわずかに「両親と祖父母」が上回る傾向がみられる。
　祖父母と同居が保護者の育児負担感を軽減する効果は、子どもの幼児期、特に第1子の場合に最も明確に表れるということができるだろう。（図4－1、図4－2、図4－3）

図4－1　第1回調査時点の同居の家族構成別にみた保護者の育児負担感得点の平均
（第1回調査、第4回調査から第6回調査、第7回調査から第12回調査）：第1子

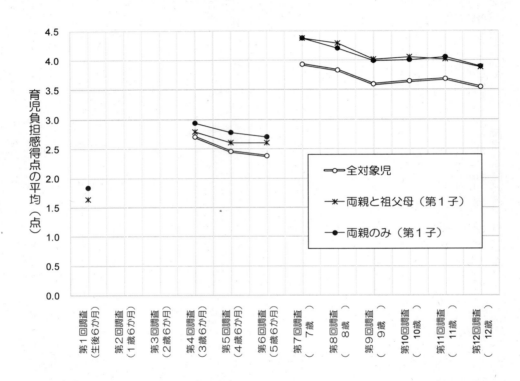

注：「両親のみ」「両親と祖父母」の分類方法は図3の注と同様。「全対象児」は、出生順位にかかわらずすべての集計対象者を集計した結果。

図4－2　第1回調査時点の同居の家族構成別にみた保護者の育児負担感得点の平均
（第1回調査、第4回調査から第6回調査、第7回調査から第12回調査）：第2子

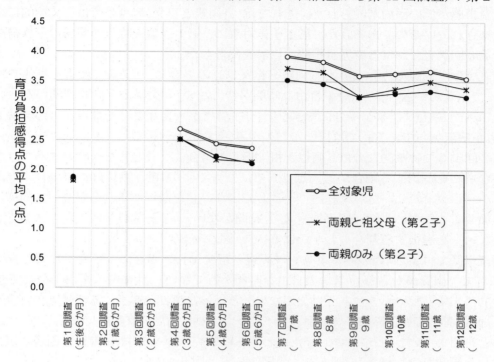

注：「両親のみ」「両親と祖父母」の分類方法は図3の注と同様。「全対象児」は、出生順位にかかわらずすべての集計対象者を集計した結果。

図4－3　第1回調査時点の同居の家族構成別にみた保護者の育児負担感得点の平均
（第1回調査、第4回調査から第6回調査、第7回調査から第12回調査）：第3子以降

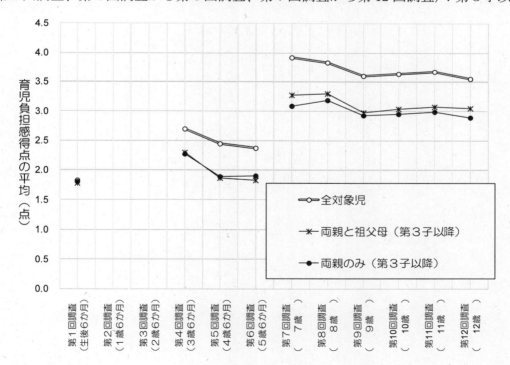

注：「両親のみ」「両親と祖父母」の分類方法は図3の注と同様。「全対象児」は、出生順位にかかわらずすべての集計対象者を集計した結果。

（3）同居の家族構成別にみた保護者の育児負担感の内容

　（2）のとおり、特に子どもが第1子の場合において、「両親と祖父母」世帯では、「両親のみ」世帯よりも育児負担感が低い傾向がみられた。それでは、「両親と祖父母」世帯では、具体的にどのような負担感が軽減されているのであろうか。第1子を対象に、第1回調査時点の同居の家族構成別に第1回調査から第6回調査における育児負担感の内容を集計した。

　第1回調査では「両親のみ」よりも「両親と祖父母」の場合に、「子育てによる身体の疲れが大きい」「子育てで出費がかさむ」「自分の自由な時間が持てない」「夫婦で楽しむ時間がない」を選択する割合が低い。一方で、「仕事が十分にできない」「子育てが大変なことを身近な人が理解してくれない」「子どもが病気がちである」ではほとんど差がみられない。（図5−1）

　さらに第3回調査で特徴的なのは「両親と祖父母」の場合に「子どもを一時的にあずけたいときにあずけ先がない」を選択する割合が低い点である。一方で、「両親と祖父母」の場合の方が「両親のみ」よりもが「しつけのしかたが家庭内で一致していない」を選択する割合が高い。同様に「配偶者が育児に参加してくれない」「子どもが言うことを聞かない」「子どもが急病のときに診てくれる医者が近くにいない」を選択する割合もわずかに高い。（図5−3）

　第4回調査以降では、「両親のみ」よりも「両親と祖父母」の場合に「子育てによる身体の疲れが大きい」「子育てで出費がかさむ」「自分の自由な時間が持てない」「仕事や家事が十分にできない」「子どもを一時的にあずけたいときにあずけ先がない」といった項目を選択する保護者の割合が低い。その一方で、「配偶者が育児に参加してくれない」「しつけのしかたが家庭内で一致していない」「子どもが言うことを聞かない」「しつけのしかたがわからない」といった項目では、「両親と祖父母」の場合に選択される傾向がみられた。（図5−4、図5−5、図5−6）

　第1子の乳幼児期において、祖父母との同居によって、保護者の身体的・時間的・経済的負担感が軽減される一方で、子どものしつけの面で不一致が生じやすい傾向があることが明らかになった。

図5－1　第1回調査時点の同居の家族構成別にみた保護者の育児負担感の内容
（第1回調査）：第1子

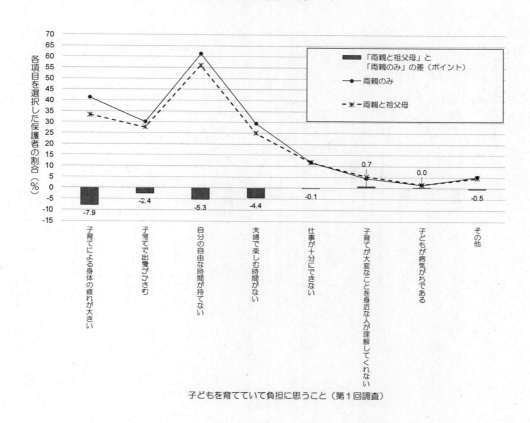

子どもを育てていて負担に思うこと（第1回調査）

図5－2　第1回調査時点の同居の家族構成別にみた保護者の育児負担感の内容
（第2回調査）：第1子

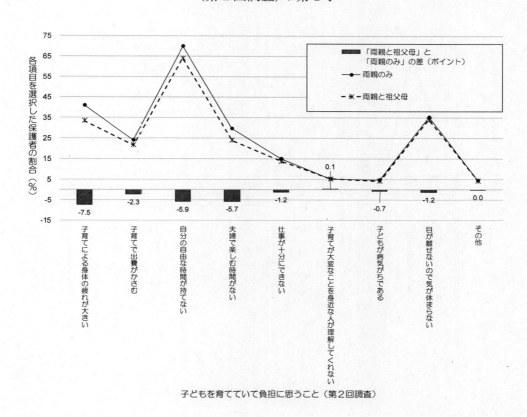

子どもを育てていて負担に思うこと（第2回調査）

図5－3　第1回調査時点の同居の家族構成別にみた保護者の育児負担感の内容
（第3回調査）：第1子

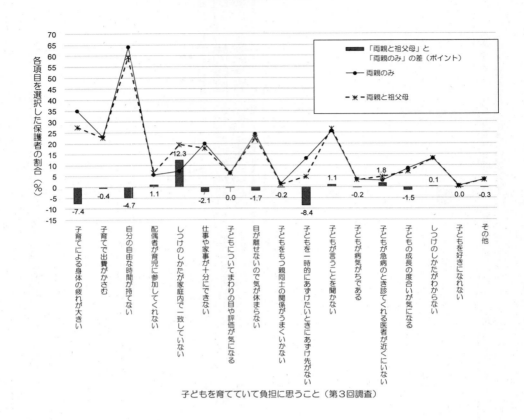

子どもを育てていて負担に思うこと（第3回調査）

図5－4　第1回調査時点の同居の家族構成別にみた保護者の育児負担感の内容
（第4回調査）：第1子

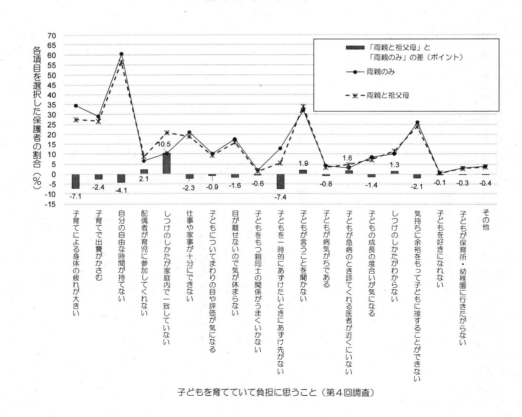

子どもを育てていて負担に思うこと（第4回調査）

図5－5　第1回調査時点の同居の家族構成別にみた保護者の育児負担感の内容
（第5回調査）：第1子

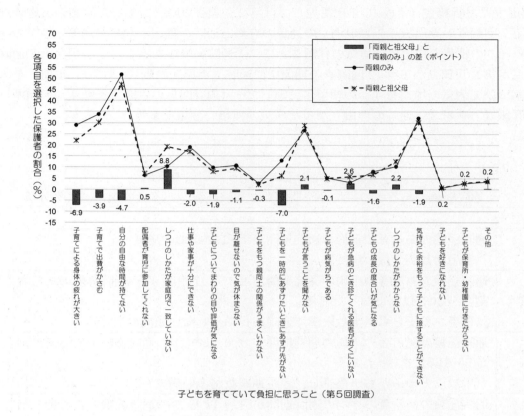

子どもを育てていて負担に思うこと（第5回調査）

図5－6　第1回調査時点の同居の家族構成別にみた保護者の育児負担感の内容
（第6回調査）：第1子

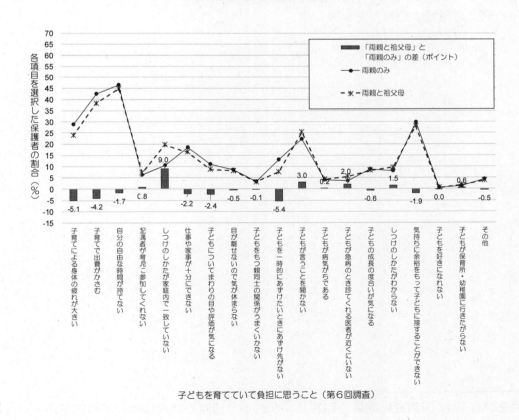

子どもを育てていて負担に思うこと（第6回調査）

3－4　小学校入学前後の子どもの健康状態と保護者の育児負担感
（1）子どもの健康状態の指標：通院の理由となった病気の種類

　21 世紀出生児縦断調査（平成 13 年出生児）では第 2 回調査以降、対象児が調査の実施時点の過去
1 年内（第 7 回調査のみ過去 1 年半以内）の通院の有無と通院の理由となった病気・けがの種類を調
査している。この情報を用いて、病気の種類ごとに、①通院経験のある子どもの割合と②通院経験の
ある子どもが第 2 回調査から第 12 回調査の期間中に通院した期間の数（0 期から 11 期）を求め、こ
の情報に基づいて病気の種類を 4 つの類型に分類した[2]。（調査回毎の質問項目を 4 つの類型に分類し
た結果の詳細は、参考 2　通院の理由となった病気の種類の分類を参照。）

表 1　通院の理由となった病気の種類
：通院経験のある者の平均通院期間数と通院経験のある者の割合による分類

類型	
I	通院経験のある者の平均の通院期間が 1〜1.2 までの病気 　（罹患回数が少ない病気）
II	通院経験のある者の平均の通院期間が 1.4〜1.7 程度　かつ通院経験のある者の 割合が 50％以下であった病気 　（罹患する子どもが半数未満で通院が長期化しない傾向の病気）
III	通院経験のある者の平均の通院期間が 2.0 以上　かつ通院経験のある者の割合 が 50％以上であった病気 　（半数以上の子どもが罹患し、通院期間数が多い病気）
IV	通院経験のある者の平均の通院期間が 1.9 以上　かつ通院経験のある者の割合 が 50％以下であった病気 　（一部の子どもが罹患し、通院頻度が高い傾向の病気）

　調査回ごとの質問項目を 4 つの類型に分類した結果の詳細は、「参考 2　通院の理由
となった病気の種類の分類」を参照。

---

[2] 第 1 回調査から第 12 回調査に連続で回答し、なおかつ通院の状況についての回答がすべての回で
有効であった 21,700 ケースを用いた集計の結果に基づいている。

図6 通院の理由となった病気の種類
：通院経験のある者の平均通院期間数と通院経験のある者の割合による分類

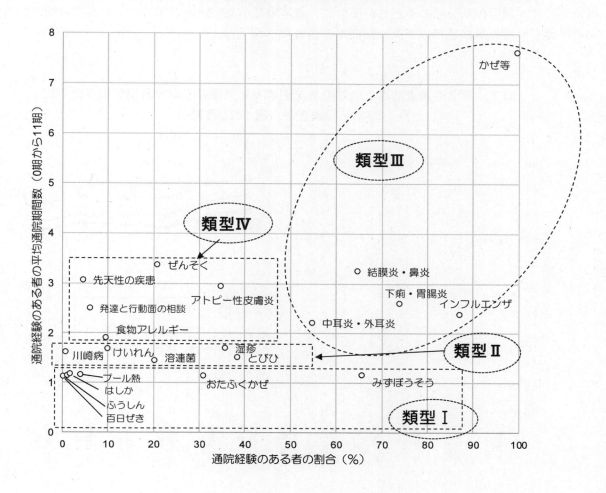

（2）子どもの健康状態別にみた保護者の育児負担感

（1）で分類した病気の類型別に、保護者の育児負担感得点の平均の推移をみると、小学校入学前後において、類型Ⅳ「一部の子どもが罹患し、通院頻度が高い傾向の病気」での通院経験がある子どもの保護者の育児負担感得点が高い傾向がみられた（図7）。

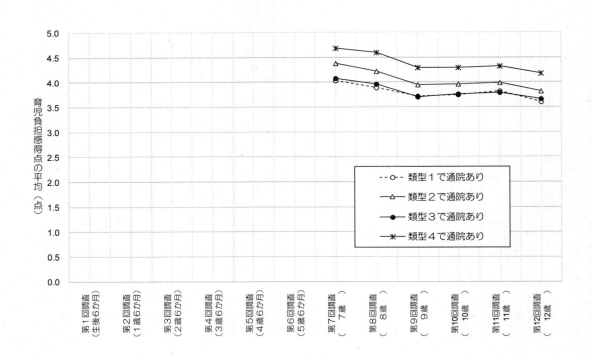

図7　第7回調査時点の通院の状況別にみた保護者の育児負担感得点の平均
（第7回調査から第12回調査）

次に、類型Ⅳに該当する「アトピー性皮膚炎」、「ぜんそく」、「食物アレルギー」、「発達と行動面の相談」、「先天性の病気」について保護者の育児負担感得点の平均の推移をみた。
　第7回調査（7歳）実施前の過去1年半以内に類型Ⅳに該当する病気での通院経験がある場合、保護者の育児負担感得点は全対象児の平均と比べて「アトピー性皮膚炎」と「ぜんそく」では0.7～0.8点程度、「食物アレルギー」と「先天性の病気」では1点～1.5点程度、「発達と行動面の相談」では2.5～3点程度高い。（図8）

図8　第7回調査時点の通院の理由となった疾病別にみた保護者の育児負担感得点の平均（第7回調査から第12回調査）：類型Ⅳの病気

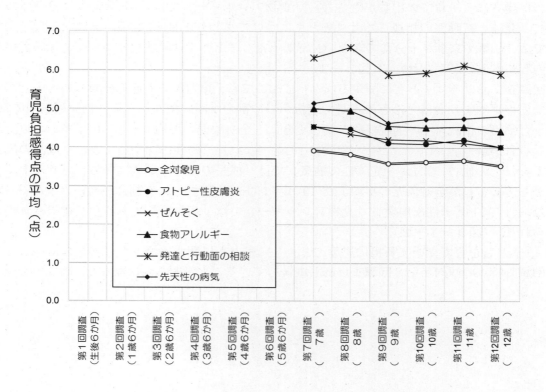

（3）子どもの健康状態別にみた保護者の育児負担感の内容の比較

　類型Ⅳに該当する病気での通院経験がある場合具体的にどのような負担感が軽減されているのであろうか。類型Ⅳに該当する「アトピー性皮膚炎」、「ぜんそく」、「食物アレルギー」、「発達と行動面の相談」、「先天性の病気」での通院経験に注目し、第7回調査から第12回調査の各時点における「子どもを育てていて負担に思うこと」の内容と、第7回調査から第12回調査における「子どもに関する悩み」の内容について集計を行った。

　第7回調査における「子どもを育てていて負担に思うこと」をみると、「アトピー性皮膚炎」、「ぜんそく」、「食物アレルギー」、「発達と行動面の相談」又は「先天性の病気」での通院経験がある子どもの保護者は、ほとんどの項目において全体平均よりも選択する割合が高い。通院状況別に全対象児の平均との差が最も大きい項目をみると、「アトピー性皮膚炎」と「ぜんそく」での通院経験がある子どもの保護者は「子育ての出費がかさむ」、「食物アレルギー」では　「子育てによる身体の疲れが大きい」、「発達と行動面の相談」では「子どもについてまわりの目や 評価が気になる」、「先天性の病気」では「仕事や家事が十分にできない」であった。子どもの通院状況によって、保護者が負担に感じる内容にも違いがみられた。（図9－1－1）

　第7回調査における「子どもに関する悩み」についても、類型Ⅳでの通院経験のある子どものほうが全対象児の平均よりもほとんどの項目で選択ありの割合が高い傾向がみられた。疾病別にみると、「発達と行動面の相談」での通院経験がある場合に、全対象児の平均よりも10ポイント以上選択割合が高い項目が最も多い（「友だちと遊ばない・遊べない」、「勉強に関すること」、「成長の度合いが気になる」、「その他」）。また、「先天性の病気」では「成長の度合いが気になる」、「ぜんそく」では「病気がちである」が全対象児の平均より10ポイント以上選択される割合が高いことが明らかになった。なお、「アトピー性皮膚炎」、「食物アレルギー」では「病気がちである」が選択されやすい傾向がみられた。（図9－1－2）

　また、「子どもを育てていて負担に思うこと」と「子どもに関する悩み」のどちらについても前述の第7回調査時点の傾向が第8回調査以降も継続していることが明らかになった（図9－2－1～図9－6－2）。

図9-1-1　第7回調査時点の通院状況別にみた保護者の育児負担感の分布
（第7回調査）

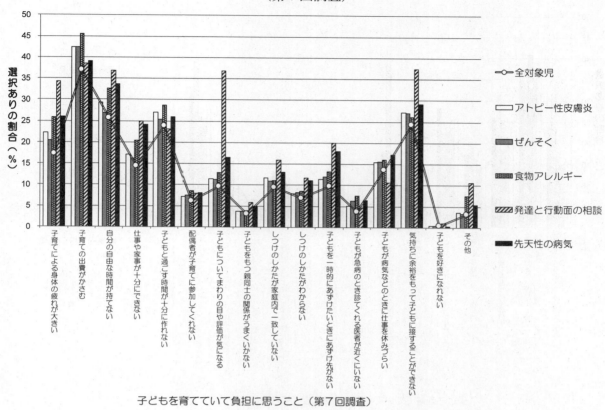

子どもを育てていて負担に思うこと（第7回調査）

図9-1-2　第7回調査時点の通院の理由となった疾病別にみた
「子どもに関する悩み」の分布（第7回調査）

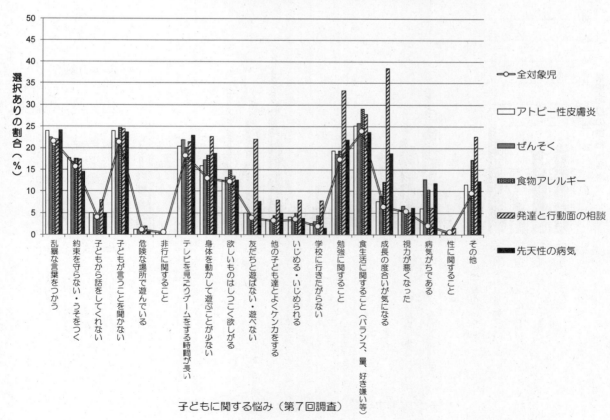

子どもに関する悩み（第7回調査）

図9−2−1　第7回調査時点の通院状況別にみた保護者の育児負担感の分布
（第8回調査）

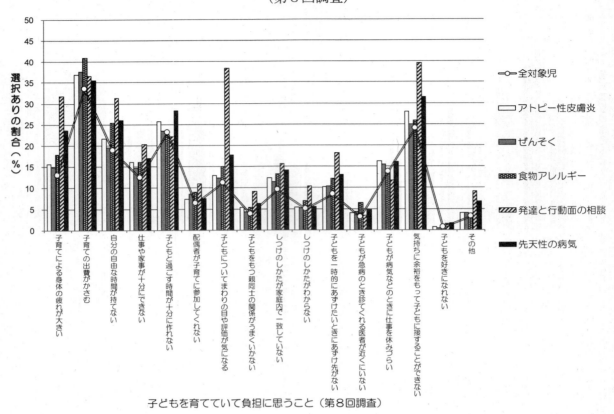

子どもを育てていて負担に思うこと（第8回調査）

図9−2−2　第7回調査時点の通院の理由となった疾病別にみた
「子どもに関する悩み」の分布（第8回調査）

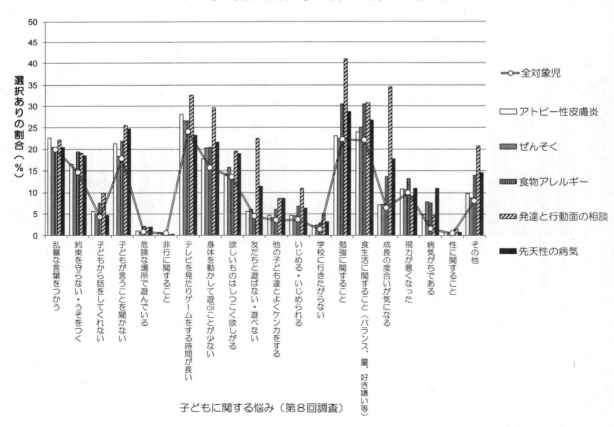

子どもに関する悩み（第8回調査）

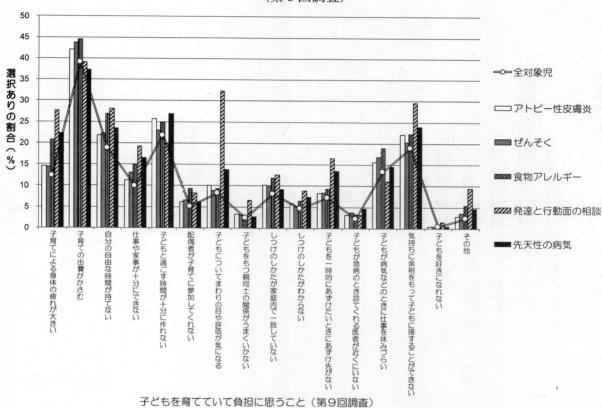

図9-3-1　第7回調査時点の通院状況別にみた保護者の育児負担感の分布
（第9回調査）

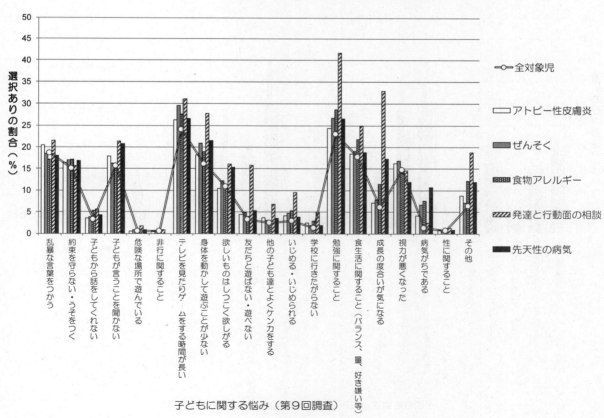

図9-3-2　第7回調査時点の通院の理由となった疾病別にみた
「子どもに関する悩み」の分布（第9回調査）

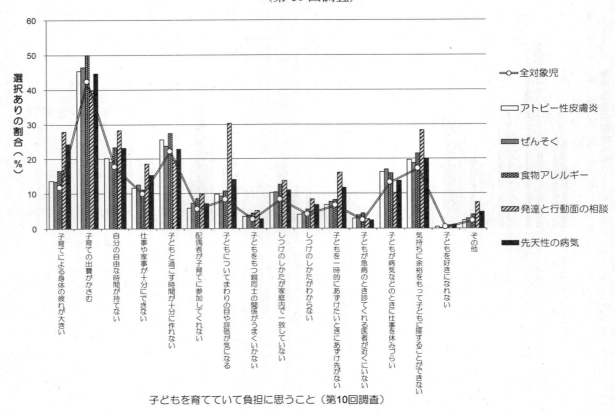

図9－4－1　第7回調査時点の通院状況別にみた保護者の育児負担感の分布
（第10回調査）

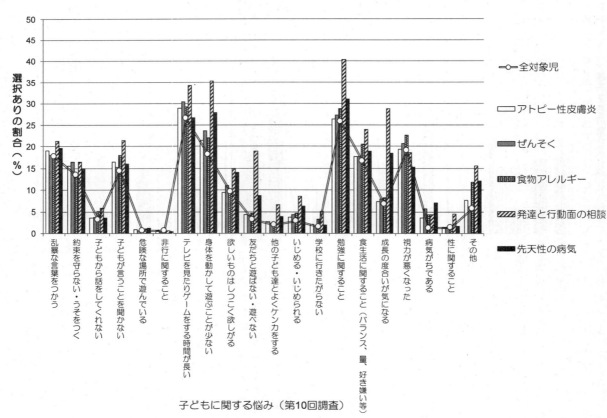

図9－4－2　第7回調査時点の通院の理由となった疾病別にみた
「子どもに関する悩み」の分布（第10回調査）

図9-5-1　第7回調査時点の通院状況別にみた保護者の育児負担感の分布
（第11回調査）

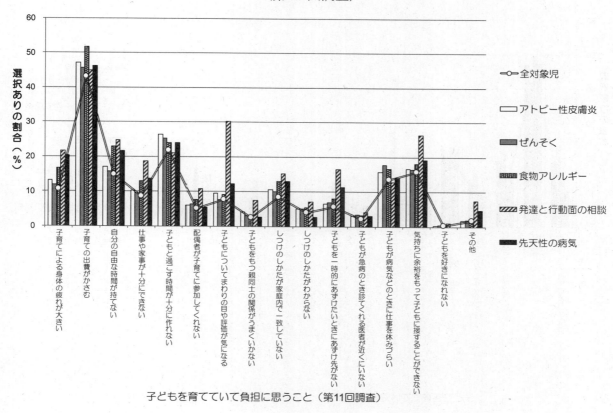

子どもを育てていて負担に思うこと（第11回調査）

図9-5-2　第7回調査時点の通院の理由となった疾病別にみた
「子どもに関する悩み」の分布（第11回調査）

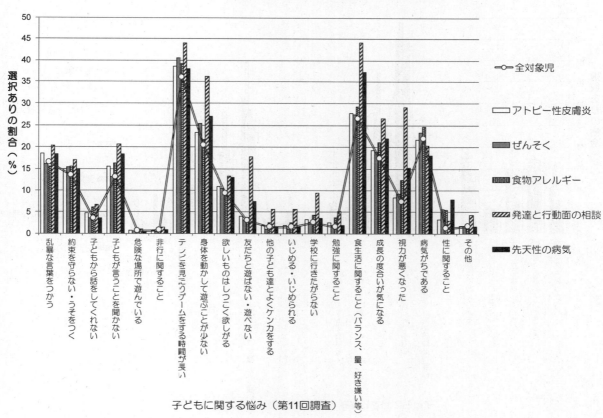

子どもに関する悩み（第11回調査）

図9－6－1　第7回調査時点の通院状況別にみた保護者の育児負担感の分布
（第12回調査）

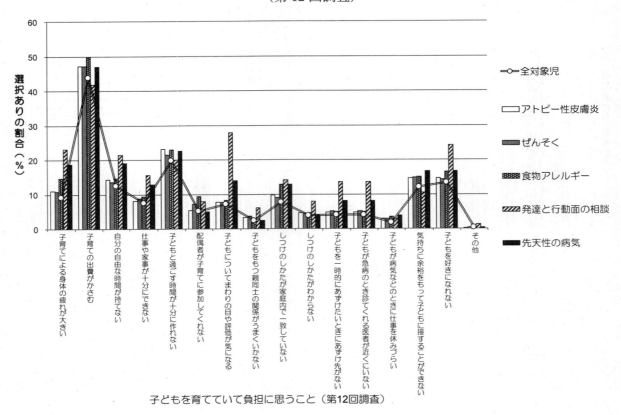

図9－6－2　第7回調査時点の通院の理由となった疾病別にみた
「子どもに関する悩み」の分布（第12回調査）

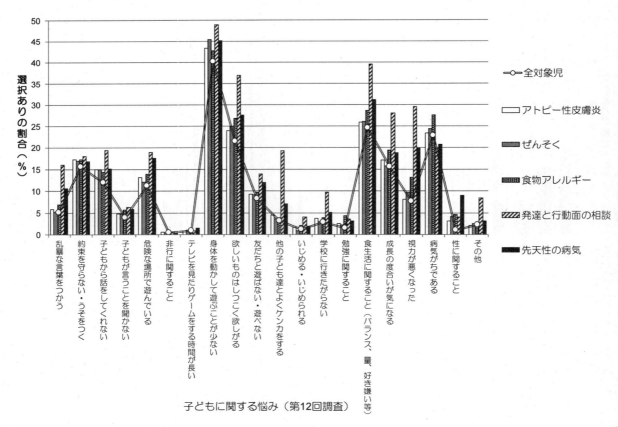

３－５　まとめ

　本章では、子どもの基本属性、生活環境及び健康状態と保護者の育児負担感の関連について集計を行った。女児よりも男児、単胎児よりも多胎児、第３子以降よりも第２子、第２子よりも第１子、母子・父子家庭の場合に保護者の育児負担感が高い傾向があることが明らかになった。

　また、子どもの乳幼児期において「両親と祖父母」世帯のほうが「両親のみ」世帯よりも保護者の育児負担感が低い傾向がみられた。そして、この傾向は特に第１子の乳幼児期に顕著であった。さらに、第１子を対象に「両親のみ」世帯と「両親と祖父母」世帯の間で、保護者の育児負担感の具体的な内容を比較すると、祖父母との同居によって、保護者の身体的・時間的・経済的負担感が軽減される一方で、子どものしつけの面で不一致が生じやすい傾向があることが明らかになった。

　小学校入学前後における子どもの健康状態別にみた場合、「アトピー性皮膚炎」、「ぜんそく」、「食物アレルギー」、「発達と行動面の相談」、「先天性の病気」での通院経験がある場合に保護者の育児負担感が高い傾向があることが明らかになった。「アトピー性皮膚炎」又は「ぜんそく」での通院経験がある子どもの保護者は「子育ての出費がかさむ」、「食物アレルギー」では「子育てによる身体の疲れが大きい」、「発達と行動面の相談」では「子どもについてまわりの目や評価が気になる」、「先天性の病気」では「仕事や家事が十分にできない」であった。子どもの疾病の種類によって、保護者が負担に感じる内容にも違いがみられた。

　出生直後に判明・確定する子どもの基本的な属性や生活環境、また、小学校入学前後の健康状態から、その子どもの保護者の育児負担感の強さをある程度長期的に予測することが可能であることが明らかになった。その一方で、育児負担感が強い属性においても、保護者が感じる負担感の内容は異なっている。子どもの状況に応じて、長期的かつきめ細やかな子育て支援が必要であると考えられる。

参考1　調査回別にみた子どもを育てていて（もって）負担に思うこと・子どもに関する悩みの選択肢一覧

				第1回	第2回	第3回	第4回	第5回	第6回
質問文				平成13年〇月に生まれたお子さんをもって負担に思うことは何ですか。あてはまる番号すべてに〇をつけてください。	平成13年〇月生まれのお子さんを育てていて負担に思うことは何ですか。あてはまる番号すべてに〇をつけてください。	平成13年〇月生まれのお子さんを育てていて負担に思うことや悩みについておたずねします。あてはまる番号すべてに〇をつけてください。	平成13年〇月生まれのお子さんを育てていて負担に思うことや悩みについておたずねします。あてはまる番号すべてに〇をつけてください。	平成13年〇月生まれのお子さんを育てていて負担に思うことや悩みについておたずねします。あてはまる番号すべてに〇をつけてください。	平成13年〇月生まれのお子さんを育てていて負担に思うことや悩みについておたずねします。あてはまる番号すべてに〇をつけてください。
選択肢	保護者	身体的負担	子育てによる身体の疲れが大きい	○	○	○	○	○	○
		経済的負担	子育てで出費がかさむ(1-6)・子育ての出費がかさむ(7-13)	○	○	○	○	○	○
		時間的制約	自分の自由な時間が持てない	○	○	○	○	○	○
			夫婦で楽しむ時間がない	○	○				
			子どもと過ごす時間が十分に作れない						
		仕事・家事	仕事が十分にできない(1-2)・仕事や家事が十分にできない(3-12)	○	○	○	○	○	○
			子どもの病気などのときに仕事を休みづらい						
		心理的負担	子育てが大変なことを身近な人が理解してくれない	○	○				
			目が離せないので気が休まらない		○	○	○	○	○
			子どもについてまわりの目や評価が気になる			○	○	○	○
			子どもを好きになれない			○	○	○	○
			気持ちに余裕をもって子どもに接することができない				○	○	○
		親同士の関係	子どもをもつ親同士の関係がうまくいかない			○	○	○	○
			ほかの保護者との付き合いが煩わしい						
	家庭内	配偶者	配偶者が育児に参加してくれない			○	○	○	○
			配偶者が子育てに参加してくれない						
			配偶者が子育てに無関心						
		しつけ	しつけのしかたが家庭内で一致していない			○	○	○	○
			しつけのしかたがわからない			○	○	○	○
	公的サービス	保育・医療	子どもを一時的にあずけたいときにあずけ先がない			○	○	○	○
			子どもが急病のとき診てくれる医者が近くにいない			○	○	○	○
	子ども	健康と成長	子どもが病気がちである(1-6,13)・病気がちである(7-12)	○	○	○	○	○	○
			子どもの成長の度合いが気になる(3-6)・成長の度合いが気になる(7-12)			○	○	○	○
			視力が悪くなった						
			性に関すること						
		生活の様子	テレビを見たりゲームをする時間が長い						
			身体を動かして遊ぶことが少ない						
			食生活に関すること(バランス、量、好き嫌い等)						
		子の態度	子どもが言うことを聞かない			○	○	○	○
			子どもの反抗的な態度や言動						
			約束を守らない・うそをつく						
			欲しい物はしつこく欲しがる						
			子どもから話をしてくれない						
			乱暴な言葉をつかう						
		環境	危険な場所で遊んでいる						
		保育所・幼稚園・学校	子どもが保育所・幼稚園に行きたがらない				○	○	○
			学校に行きたがらない(7-12)・子どもが学校に行きたがらない(行かない)(13)						
		成績・将来	子どもの成績に関すること						
			子どもの将来(進路など)に関すること						
			勉強に関すること						
		交友関係	子どもの交友関係に関すること						
			友だちと遊ばない・遊べない						
			他の子ども達とよくケンカをする						
			子どもの異性との交際に関すること						
		いじめ・暴力・非行	いじめる・いじめられる(7-12)・子どもがいじめられている(13)						
			子どもの暴力に関すること						
			非行に関すること						
	その他		その他(　　)(1-6)・その他(具体的に)(7-13)	○	○	○	○	○	○
	なし		負担に思うことは特にない(1-2)、負担に思うことや悩みは特にない(3-13)	○	○	○	○	○	○
			気になることや悩みは特にない						
			最大得点	**8**	**9**	**17**	**19**	**19**	**19**

注：第7回調査から第12回調査では、「親の悩み」を①、「子どもについての悩み」を②とした。
　　また、第13回調査については参考として掲載した。

第7回	第8回	第9回	第10回	第11回	第12回	第13回
平成13年生まれのお子さんを育てていて負担に思うことや悩みなどについて，おたずねします。(1)親の悩み　平成13年生まれのお子さんを育てていて負担に思うことや悩みはありますか。あてはまる番号すべてに○をつけてください。※回答者が親でない場合も記入してください。※特に悩んでいること3つにも○(2)子どもについての悩み　平成13年生まれのお子さんの日常生活で気になることや悩みはありますかすべてに○をつけてください。	平成13年生まれのお子さんを育てていて負担に思うことや悩みなどについて，おたずねします。(1)親の悩み　平成13年生まれのお子さんを育てていて負担に思うことや悩みはありますか。あてはまる番号すべてに○をつけてください。※回答者が親でない場合も記入してください。※特に悩んでいること3つにも○(2)子どもについての悩み　平成13年生まれのお子さんの日常生活で気になることや悩みはありますか。あてはまる番号すべてに○をつけてください。	平成13年生まれのお子さんを育てていて負担に思うことや悩みなどについて，おたずねします。(1)親の悩み　平成13年生まれのお子さんを育てていて負担に思うことや悩みはありますか。あてはまる番号すべてに○をつけてください。※回答者が親でない場合も記入してください。※特に悩んでいること3つにも○(2)子どもについての悩み　平成13年生まれのお子さんの日常生活で気になることや悩みはありますか。あてはまる番号すべてに○をつけてください。	平成13年生まれのお子さんを育てていて負担に思うことや悩みなどについて，おたずねします。(1)親の悩み　平成13年生まれのお子さんを育てていて負担に思うことや悩みはありますか。あてはまる番号すべてに○をつけてください。※回答者が親でない場合も記入してください。(2)子どもについての悩み　平成13年生まれのお子さんの日常生活で気になることや悩みはありますか。あてはまる番号すべてに○をつけてください。	平成13年生まれのお子さんを育てていて負担に思うことや悩みなどについて，おたずねします。(1)親の悩み　平成13年生まれのお子さんを育てていて負担に思うことや悩みはありますか。あてはまる番号すべてに○をつけてください。※回答者が親でない場合も記入してください。(2)子どもについての悩み　平成13年生まれのお子さんの日常生活で気になることや悩みはありますか。あてはまる番号すべてに○をつけてください。	平成13年生まれのお子さんを育てていて負担に思うことや悩みなどについて，おたずねします。(1)親の悩み　平成13年生まれのお子さんを育てていて負担に思うことや悩みはありますか。あてはまる番号すべてに○をつけてください。※回答者が親でない場合も記入してください。(2)子どもについての悩み　平成13年生まれのお子さんの日常生活で気になることや悩みはありますか。あてはまる番号すべてに○をつけてください。	平成13年生まれのお子さんを育てていて負担に思うことや悩みはありますか。あてはまる番号すべてに○をつけてください。
①	①	①	①	①	①	
①	①	①	①	①	①	○
①	①	①	①	①	①	
①	①	①	①	①	①	
①		①		①	①	
①	①	①	①	①	①	
①	①	①	①	①	①	○
①	①	①	①	①	①	
						○
①	①	①	①	①	①	
						○
①	①	①	①	①	①	
①	①	①	①	①	①	
①	①	①	①	①	①	
①	①	①	①	①	①	
②	②	②	②	②	②	○
②	②	②	②	②	②	
②	②	②	②	②	②	
②	②	②	②	②	②	
②	②	②	②	②	②	
②	②	②	②	②	②	
②	②	②	②	②	②	
						○
②	②	②	②	②	②	
②	②	②	②	②	②	
②	②	②	②	②	②	
②	②	②	②	②	②	
②	②	②	②	②	②	
②	②	②	②	②	②	○
						○
						○
②	②	②	②	②	②	
						○
②	②	②	②	②	②	
②	②	②	②	②	②	
						○
②	②	②	②	②	②	
						○
②	②	②	②	②	②	
①・②	①・②	①・②	①・②	①・②	①・②	○
①	①	①	①	①	①	○
②	②	②	②	②	②	
36	**36**	**36**	**36**	**36**	**36**	**14**

83

参考2　通院の理由となった病気の種類の分類

類型	病名	第2回（1歳6か月）	第3回（2歳6か月）	第4回（3歳6か月）	第5回（4歳6か月）	第6回（5歳6か月）
類型I	百日ぜき	02 百日ぜき	02 百日ぜき	02 百日ぜき		
	おたふくかぜ		05 流行性耳下腺炎［おたふくかぜ］	05 流行性耳下腺炎［おたふくかぜ］	04 流行性耳下腺炎［おたふくかぜ］	04 流行性耳下腺炎［おたふくかぜ］
	風しん	03 風しん				
			03 風しん［三日はしか］	03 風しん［三日はしか］	02 風しん［三日はしか］	02 風しん［三日はしか］
	水ぼうそう	01 水ぼうそう				
			01 水痘［水ぼうそう］	01 水痘［水ぼうそう］	01 水痘［水ぼうそう］	01 水痘［水ぼうそう］
	咽頭結膜熱［プール熱］					
	はしか	04 はしか				
			04 麻疹［はしか］	04 麻疹［はしか］	03 麻疹［はしか］	03 麻疹［はしか］
類型II	溶連菌感染症					
	とびひ	11 とびひ				
			15 伝染性膿痂疹［とびひ］	14 伝染性膿痂疹［とびひ］	16 伝染性膿痂疹［とびひ］	16 伝染性膿痂疹［とびひ］
	川崎病		06 川崎病	06 川崎病	05 川崎病	05 川崎病
	けいれん、ひきつけ	15 けいれん、ひきつけ	18 けいれん、ひきつけ	18 けいれん、ひきつけ	19 けいれん、ひきつけ	19 けいれん、ひきつけ
	湿疹		16 湿疹			
					17 湿疹（アトピー性皮膚炎は09へ）	17 湿疹（アトピー性皮膚炎は09へ）
類型III	かぜ等	08 かぜ、気管支炎、肺炎	10 かぜ、咽頭炎、扁桃（腺）炎、気管支炎、肺炎	10 かぜ、咽頭炎、扁桃（腺）炎、気管支炎、肺炎	13 かぜ、咽頭炎、扁桃（腺）炎、気管支炎、肺炎	13 かぜ、咽頭炎、扁桃（腺）炎、気管支炎、肺炎
	インフルエンザ		11 インフルエンザ	11 インフルエンザ	14 インフルエンザ	14 インフルエンザ
	消化器系	10 下痢、腹痛、便秘	13 胃腸炎などの消化器系の病気、下痢、腹痛、便秘などの症状（腸重積を除く）	13 胃腸炎などの消化器系の病気、下痢、腹痛、便秘などの症状	siry 胃腸炎などの消化器系の病気、下痢、腹痛、便秘などの症状	15 胃腸炎などの消化器系の病気、下痢、腹痛、便秘などの症状
			14 腸重積			
	結膜炎，アレルギー性鼻炎	06 結膜炎				
			07 結膜炎（アレルギー性を除く）	07 結膜炎（アレルギー性を除く）	06 結膜炎（アレルギー性は07へ）	06 結膜炎（アレルギー性は07へ）
			08 アレルギー性鼻炎、アレルギー性結膜炎	08 アレルギー性鼻炎、アレルギー性結膜炎	07 アレルギー性鼻炎、アレルギー性結膜炎	07 アレルギー性鼻炎、アレルギー性結膜炎
	中耳炎・外耳炎	07 中耳炎、外耳炎	09 中耳炎、外耳炎	09 中耳炎、外耳炎		
					11 中耳炎	11 中耳炎
					12 外耳炎	12 外耳炎
類型IV	アトピー性皮膚炎	12 アトピー性皮膚炎、湿疹	16 アトピー性皮膚炎、湿疹			
				15 アトピー性皮膚炎	09 アトピー性皮膚炎	09 アトピー性皮膚炎
	ぜんそく	09 ぜんそく	12 ぜんそく	12 ぜんそく	08 ぜんそく	08 ぜんそく
	食物アレルギー	16 食物アレルギー	19 食物アレルギー	19 食物アレルギー	10 食物アレルギー	10 食物アレルギー
	発達と行動面の相談				21 発達と行動面の相談	21 発達と行動面の相談
	先天性の病気	14 先天性の病気	17 先天性の病気	17 先天性の病気	18 先天性の病気	18 先天性の病気
対象外	突発性発疹	05 突発性発疹				
	その他の皮膚炎	13 その他の皮膚炎				
	う歯		20 う歯［むし歯］	20 う歯［むし歯］	20 う歯［むし歯］	20 う歯［むし歯］
	外傷	18 打撲、切り傷				
		19 骨折	22 骨折	22 骨折		
		20 やけど	23 やけど	23 やけど		
		21 その他のけが［外傷］	24 その他のけが	24 その他のけが（病気以外の原因によるもの）		
					23 けが（骨折・やけどを含む）	23 けが（骨折・やけどを含む）

注：「その他の病気」にあたる選択肢は分類の対象外。また、表中の数字は調査票における選択肢番号。

第7回（7歳）	第8回（8歳）	第9回（9歳）	第10回（10歳）	第11回（11歳）	第12回（12歳）
5 流行性耳下腺炎［おたふくかぜ］	5 流行性耳下腺炎［おたふくかぜ］	5 流行性耳下腺炎［おたふくかぜ］	5 流行性耳下腺炎［おたふくかぜ］	5 流行性耳下腺炎［おたふくかぜ］	5 流行性耳下腺炎［おたふくかぜ］
3 風しん［三日はしか］	3 風しん［三日はしか］	3 風しん［三日はしか］	3 風しん［三日はしか］	3 風しん［三日はしか］	3 風しん［三日はしか］
2 水痘［水ぼうそう］	2 水痘［水ぼうそう］	2 水痘［水ぼうそう］	2 水痘［水ぼうそう］	2 水痘［水ぼうそう］	2 水痘［水ぼうそう］
23 咽頭結膜熱［プール熱］	23 咽頭結膜熱［プール熱］	23 咽頭結膜熱［プール熱］	23 咽頭結膜熱［プール熱］	23 咽頭結膜熱［プール熱］	23 咽頭結膜熱［プール熱］
4 麻疹［はしか］	4 麻疹［はしか］	4 麻疹［はしか］	4 麻疹［はしか］	4 麻疹［はしか］	4 麻疹［はしか］
24 溶連菌感染症	24 溶連菌感染症	24 溶連菌感染症	24 溶連菌感染症	24 溶連菌感染症	24 溶連菌感染症
17 伝染性膿痂疹［とびひ］	17 伝染性膿痂疹［とびひ］	17 伝染性膿痂疹［とびひ］	17 伝染性膿痂疹［とびひ］	17 伝染性膿痂疹［とびひ］	17 伝染性膿痂疹［とびひ］
6 川崎病	6 川崎病	6 川崎病	6 川崎病	6 川崎病	6 川崎病
20 けいれん、ひきつけ	20 けいれん、ひきつけ	20 けいれん、ひきつけ	20 けいれん、ひきつけ	20 けいれん、ひきつけ	20 けいれん、ひきつけ
18 湿疹（アトピー性皮膚炎は10へ）	18 湿疹（アトピー性皮膚炎は10へ）	18 湿疹（アトピー性皮膚炎は10へ）	18 湿疹（アトピー性皮膚炎は10へ）	18 湿疹（アトピー性皮膚炎は10へ）	18 湿疹（アトピー性皮膚炎は10へ）
14 かぜ、咽頭炎、扁桃（腺）炎、気管支炎、肺炎（溶連菌感染症によるものは24へ）	14 かぜ、咽頭炎、扁桃（腺）炎、気管支炎、肺炎（溶連菌感染症によるものは24へ）	14 かぜ、咽頭炎、扁桃（腺）炎、気管支炎、肺炎（溶連菌感染症によるものは24へ）	14 かぜ、咽頭炎、扁桃（腺）炎、気管支炎、肺炎（溶連菌感染症によるものは24へ）	14 かぜ、咽頭炎、扁桃（腺）炎、気管支炎、肺炎（溶連菌感染症によるものは24へ）	14 かぜ、咽頭炎、扁桃（腺）炎、気管支炎、肺炎（溶連菌感染症によるものは24へ）
15 インフルエンザ	15 インフルエンザ	15 インフルエンザ	15 インフルエンザ	15 インフルエンザ	15 インフルエンザ
16 胃腸炎などの消化器系の病気、下痢、腹痛、便秘などの症状	16 胃腸炎などの消化器系の病気、下痢、腹痛、便秘などの症状	16 胃腸炎などの消化器系の病気、下痢、腹痛、便秘などの症状	16 胃腸炎などの消化器系の病気、下痢、腹痛、便秘などの症状	16 胃腸炎などの消化器系の病気、下痢、腹痛、便秘などの症状	16 胃腸炎などの消化器系の病気、下痢、腹痛、便秘などの症状
7 結膜炎（アレルギー性は8へ）	7 結膜炎（アレルギー性は8へ）	7 結膜炎（アレルギー性は8へ）	7 結膜炎（アレルギー性は8へ）	7 結膜炎（アレルギー性は8へ）	7 結膜炎（アレルギー性は8へ）
8 アレルギー性鼻炎、アレルギー性結膜炎	8 アレルギー性鼻炎、アレルギー性結膜炎	8 アレルギー性鼻炎、アレルギー性結膜炎	8 アレルギー性鼻炎、アレルギー性結膜炎	8 アレルギー性鼻炎、アレルギー性結膜炎	8 アレルギー性鼻炎、アレルギー性結膜炎
12 中耳炎	12 中耳炎	12 中耳炎	12 中耳炎	12 中耳炎	12 中耳炎
13 外耳炎	13 外耳炎	13 外耳炎	13 外耳炎	13 外耳炎	13 外耳炎
10 アトピー性皮膚炎	10 アトピー性皮膚炎	10 アトピー性皮膚炎	10 アトピー性皮膚炎	10 アトピー性皮膚炎	10 アトピー性皮膚炎
9 ぜんそく	9 ぜんそく	9 ぜんそく	9 ぜんそく	9 ぜんそく	9 ぜんそく
11 食物アレルギー	11 食物アレルギー	11 食物アレルギー	11 食物アレルギー	11 食物アレルギー	11 食物アレルギー
22 発達と行動面の相談	22 発達と行動面の相談	22 発達と行動面の相談	22 発達と行動面の相談	22 発達と行動面の相談	22 発達と行動面の相談
19 先天性の病気	19 先天性の病気	19 先天性の病気	19 先天性の病気	19 先天性の病気	19 先天性の病気
21 う歯［むし歯］	21 う歯［むし歯］	21 う歯［むし歯］	21 う歯［むし歯］	21 う歯［むし歯］	21 う歯［むし歯］
26 けが（骨折・やけどを含む）	26 けが（骨折・やけどを含む）	26 けが（骨折・やけどを含む）	26 けが（骨折・やけどを含む）	26 けが（骨折・やけどを含む）	26 けが（骨折・やけどを含む）

4 結婚・最初の子どもを持つことを希望する時期に対する中学1年生の意識

4－1　はじめに

　近年のわが国における出生率の低下は、日本社会の将来に対して深刻な影響を与えることが懸念されており、少子化対策は喫緊の課題である。21世紀出生児縦断調査の対象児が生まれた平成13年の合計特殊出生率（1.33）は既に人口置換水準を下回っており、対象児は低出生率の社会で生まれた世代であると言うことができる。彼らは、結婚・家族形成に対してどのような希望・意識を持っているのだろうか。

　本章では、保護者と子どもの双方の意識を知ることができる21世紀出生児縦断調査（平成13年出生児）のデータを用いて、将来、結婚や子育ての当事者となっていく世代が家族形成に対してどのような希望・意識をもっているかを把握する。さらに、対象児の保護者が子育ての中でもっていた意識と対象児の意識の関連について集計を行う。

4－2　集計対象と使用した変数

　集計の対象としたのは、第13回調査（13歳）に回答のあった30,331人で、これは第1回調査への回答者の64.5%にあたる。第13回調査（13歳）では、対象児本人に対し、「あなたは現在、将来について考えていますか。『進路』『結婚』『最初の子どもを持つ時期』それぞれについて、あてはまる番号1つに〇をつけてください。」という質問とともに選択肢を提示し、回答者自身の将来に対する意識を調査している。（選択肢は表1のとおり。）本章ではこの質問項目を用いた集計を行うことで、対象児の性別、対象児が生まれたときの母親・父親の年齢、対象児の保護者が子育ての中でもっていた意識による違いをみていく。

表1　21世紀出生児縦断調査（平成13年出生児）第13回調査における将来に関する質問

結婚	1	10代のうちにしたいと考えている
	2	20〜24歳でしたいと考えている
	3	25〜29歳でしたいと考えている
	4	30〜34歳でしたいと考えている
	5	35〜39歳でしたいと考えている
	6	40歳以降でしたいと考えている
	7	結婚はしたいが時期は考えていない
	8	結婚はしたくない
	9	具体的にはまだ考えていない
最初の子どもを持つ時期	1	10代のうちに持ちたいと考えている
	2	20〜24歳で持ちたいと考えている
	3	25〜29歳で持ちたいと考えている
	4	30〜34歳で持ちたいと考えている
	5	35〜39歳で持ちたいと考えている
	6	40歳以降で持ちたいと考えている
	7	子どもは持ちたいが時期は考えていない
	8	子どもは持ちたくない
	9	具体的にはまだ考えていない

４−３　結果

（１）結婚を希望する時期と最初の子どもを持つことを希望する時期の分布

　　対象児の性別に、結婚を希望する時期と最初の子どもを持つことを希望する時期の分布を示したのが表２−１（男児）と表２−２（女児）である。

　　男児の場合、結婚と最初の子どもを持つ時期の双方に対して具体的な年齢を挙げているのは全体の33.7%であるのに対し、47.9%が結婚と第1子を希望する時期の双方に対して「具体的にはまだ考えていない」と回答している。また、6.4%が「結婚はしたいが時期は考えていない」と「子どもは持ちたいが時期は考えていない」の双方を選択していることから、男児の約半数程度が結婚・子どもを持つことの双方に対して具体的な将来像を持っていないことがうかがえる。

　　女児の場合には、全体の50.9%が結婚と第1子を希望する時期の双方に対して具体的な年齢を回答している。また、結婚と第1子を希望する時期の双方に対して「具体的にはまだ考えていない」と回答している割合は27.2%、「結婚はしたいが時期は考えていない」と「子どもは持ちたいが時期は考えていない」の双方を選択しているのは6.2%で、どちらも男児より低い割合である。男児よりも結婚・子どもを持つことに対して具体的な将来像をもつ傾向があると考えられる。

表2－1　対象児が結婚を希望する時期と最初の子どもを持つ時期の分布（第13回調査）
：男児

		第1子									
		10代	20～24歳	25～29歳	30～34歳	35～39歳	40歳以降	子どもは持ちたいが時期は考えていない	子どもは持ちたくない	具体的にはまだ考えていない	不詳
結婚	10代	0.1%	0.2%	0.0%	0.0%	0.0%	0.0%	0.0%	0.0%	0.0%	0.0%
	20～24歳	0.0%	4.0%	7.4%	0.3%	0.0%	0.0%	0.3%	0.1%	0.8%	0.0%
	25～29歳	0.0%	0.?%	11.6%	6.2%	0.1%	0.0%	0.6%	0.0%	1.3%	0.1%
	30～34歳	0.0%	0.0%	0.0%	2.7%	0.6%	0.0%	0.1%	0.0%	0.2%	0.0%
	35～39歳	0.0%	0.0%	0.0%	0.0%	0.2%	0.0%	0.0%	0.0%	0.0%	0.0%
	40歳以降	0.0%	0.0%	0.0%	0.0%	0.0%	0.1%	0.0%	0.0%	0.0%	0.0%
	結婚はしたいが時期は考えていない	0.0%	0.0%	0.2%	0.1%	0.0%	0.0%	6.4%	0.1%	1.4%	0.0%
	結婚したくない	0.0%	0.0%	0.0%	0.0%	0.0%	0.0%	0.1%	2.2%	0.7%	0.0%
	具体的にはまだ考えていない	0.0%	0.?%	0.2%	0.1%	0.0%	0.0%	0.8%	0.3%	47.9%	0.0%
	不詳	0.0%	0.0%	0.0%	0.0%	0.0%	0.0%	0.0%	0.0%	0.0%	2.0%

表2－2　対象児が結婚を希望する時期と最初の子どもを持つ時期の分布（第13回調査）
：女児

		第1子									
		10代	20～24歳	25～29歳	30～34歳	35～39歳	40歳以降	子どもは持ちたいが時期は考えていない	子どもは持ちたくない	具体的にはまだ考えていない	不詳
結婚	10代	0.2%	0.3%	0.0%	0.0%	0.0%	0.0%	0.0%	0.0%	0.0%	0.0%
	20～24歳	0.0%	11.5%	14.0%	0.2%	0.0%	0.0%	0.9%	0.1%	1.6%	0.0%
	25～29歳	0.0%	0.1%	19.1%	4.0%	0.0%	0.0%	1.0%	0.2%	1.8%	0.1%
	30～34歳	0.0%	0.0%	0.1%	1.0%	0.1%	0.0%	0.0%	0.0%	0.1%	0.0%
	35～39歳	0.0%	0.0%	0.0%	0.0%	0.0%	0.0%	0.0%	0.0%	0.0%	0.0%
	40歳以降	0.0%	0.0%	0.0%	0.0%	0.0%	0.0%	0.0%	0.0%	0.0%	0.0%
	結婚はしたいが時期は考えていない	0.0%	0.2%	0.4%	0.0%	0.0%	0.0%	6.2%	0.1%	1.3%	0.0%
	結婚したくない	0.0%	0.0%	0.0%	0.0%	0.0%	0.0%	0.2%	3.0%	0.9%	0.0%
	具体的にはまだ考えていない	0.0%	0.2%	0.3%	0.0%	0.0%	0.0%	1.2%	0.5%	27.2%	0.0%
	不詳	0.0%	0.0%	0.0%	0.0%	0.0%	0.0%	0.0%	0.0%	0.0%	1.3%

（２）母親・父親の年齢別にみた結婚を希望する時期と最初の子どもを持つことを希望する時期の傾向

　結婚を希望する時期と最初の子どもを持つことを希望する時期のそれぞれについて、対象児が生まれたときの母親・父親の年齢階級別に集計を行った。母親・父親が子どもを持った時期と、子どもがもつ将来の結婚を希望する時期・最初の子どもを持つことを希望する時期の間には関連がみられる。

　結婚を希望する時期については、男児の場合、対象児が生まれたときの母親の年齢が 24 歳以下であると 10 代又は 20〜24 歳での結婚を希望する割合が 19.0%であるのに対し、25〜29 歳では 14.4%、30〜34 歳では 11.3%、35 歳以上では 11.0%となっている。女児の場合も同様で、対象児が生まれたときの母親の年齢が 24 歳以下であった場合には 10 代又は 20〜24 歳での結婚を希望する割合が 38.4%、25〜29 歳では 32.3%、30〜34 歳では 25.9%、35 歳以上では 22.6%となっており、対象児が生まれたときの母親の年齢が高くなるほど、対象児が 10 代又は 20〜24 歳で結婚を希望する割合が低くなる傾向がみられた。なお、父親の年齢別にみた場合にも、母親と同様の傾向がみられた（図 1 － 1）。

　最初の子どもを持つことを希望する時期についても同様で、男児では、対象児が生まれたときの母親の年齢が 24 歳以下であった場合には 10 代又は 20〜24 歳で最初の子どもを持つことを希望する割合が 9.5%であるのに対し、25〜29 歳では 4.6%、30〜34 歳では 3.5%となっている。これに対し、30〜34 歳で最初の子どもを持つことを希望する割合は、対象児が生まれたときの母親の年齢が 24 歳以下の場合には 6.3%であるが、25〜29 歳では 8.7%、30〜34 歳では 10.7%となっている。

　女児の場合、対象児が生まれたときの母親の年齢が 24 歳以下であった場合には 10 代又は 20〜24 歳での最初の子どもを持つことを希望する割合が 23.8%、25〜29 歳では 14.2%、30〜34 歳では 10.0%、35 歳以上では 8.8%であった。また、30〜34 歳で最初の子どもを持つことを希望する割合は、対象児が生まれたときの母親の年齢が 24 歳以下の場合には 2.6%であるが、25〜29 歳では 3.9%、30〜34 歳では 6.7%、35 歳以上では 6.9%となっている。結婚を希望する時期と同様、対象児が生まれたときの母親の年齢が高くなるほど、対象児が 10 代又は 20〜24 歳で第一子を持つことを希望する割合が低く、30〜34 歳で第一子を持つことを希望する割合が高くなる傾向がみられた。（図 1 － 2）

図1-1　対象児が結婚を希望する時期の分布（第13回調査）
：対象児が生まれたときの母親・父親の年齢階級別

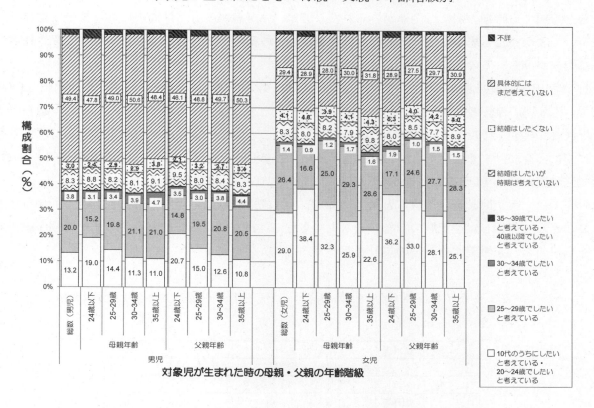

図1-2　対象児が最初の子どもを持つことを希望する時期の分布（第13回調査）
：対象児が生まれたときの母親・父親の年齢階級別

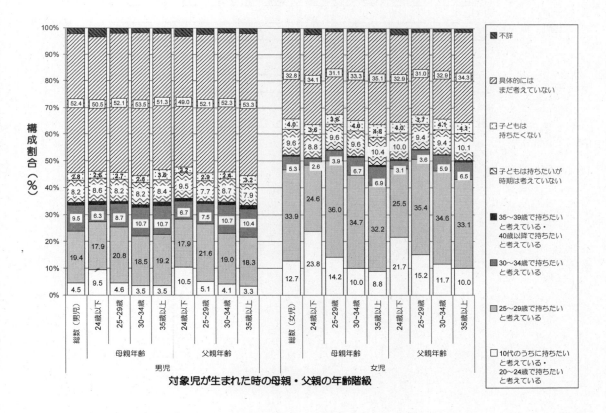

（3）保護者の意識との関連：保護者が「子どもがいてよかったと思うこと」と対象児の意識の関連
　　母親・父親が子どもを持った時期と、子ども自身が将来結婚を希望する時期・最初の子どもを持つ
ことを希望する時期の間には関連がみられた。では、保護者が子育て期間中にもっていた意識（子ど
もがいてよかったと思うこと）と子ども自身が結婚・最初の子どもを持つことに対して持つ意識の間
には関連がみられるのであろうか。

　　21 世紀出生児縦断調査（平成 13 年出生児）では、第 7 回調査（7 歳）から第 12 回調査（12 歳）
まで、対象児の保護者に対し、子どもがいてよかったと思うことについて調査している。調査票では
「平成 13 年生まれのお子さんがいてよかったと思うことについておたずねします。あてはまる番号
すべてに〇をつけてください」という質問文とともに選択肢を提示している（選択肢は表 3 のとおり）。
第 7 回調査から第 13 回調査に連続で回答している 27,168 人が集計の対象である。

　　以下では、第 7 回調査（7 歳）と第 12 回調査（12 歳）時点において、子どもがいてよかったと思
うこととして選択した選択肢の数を合計して得点化し、得点別にみた結婚を希望する時期・最初の子
どもを持つことを希望する時期の集計を行った。

表 3　子どもがいてよかったと思うこと：（第 7 回調査から第 12 回調査）

1	家族の結びつきが深まった
2	子どもとのふれあいが楽しい
3	毎日の生活にはりあいがある
4	兄弟姉妹どうしのふれあいがあって楽しい
5	子どもを通して自分の友人が増えた
6	子育てを通して自分の視野が広まった
7	子どものおかげで家庭が明るい
8	子どもの成長によろこびを感じる
9	子どもの将来が楽しみ
10	老後に希望が持てる
11	家事の手伝いをしてくれる
12	弟や妹の面倒をみてくれる
13	話し相手になる
14	優しい言葉に心が安らぐ
15	その他

結婚を希望する時期の分布では、男児の場合、第7回調査時の保護者の「子どもがいてよかったと思うこと」の得点数が0～3点のときには「具体的にはまだ考えていない」が占める割合が53.5%であるが、4～7点では49.5%、8～11点では48.9%、12～15点では45.2%となっている。また、「結婚はしたくない」と回答している割合では、0～3点では4.8%、4～7点では2.9%、8～11点では2.8%、12～15点では2.5%となっている。保護者が「子どもがいてよかったと思うこと」として挙げる項目数が多いほど、結婚を希望する時期について「具体的にはまだ考えていない」と回答する割合と、「結婚はしたくない」と回答する割合が低くなる傾向がみられた。（図2－1）

　最初の子どもを持つことを希望する時期の分布をみた場合にも、保護者の「子どもがいてよかったと思うこと」の得点が多いほど、最初の子どもを希望する時期について「具体的にはまだ考えていない」と回答する割合が低くなる傾向，そして、「子どもは持ちたくない」と回答する割合が低くなる傾向がみられた（図2－2）。

　なお、第12回調査の保護者の「子どもがいてよかったと思うこと」の得点別にみた場合も同様の傾向がみられた。

図2－1　対象児が結婚を希望する時期の分布（第13回調査）
：保護者の「子どもがいてよかったと思うこと」の得点別（第7回調査、第12回調査）

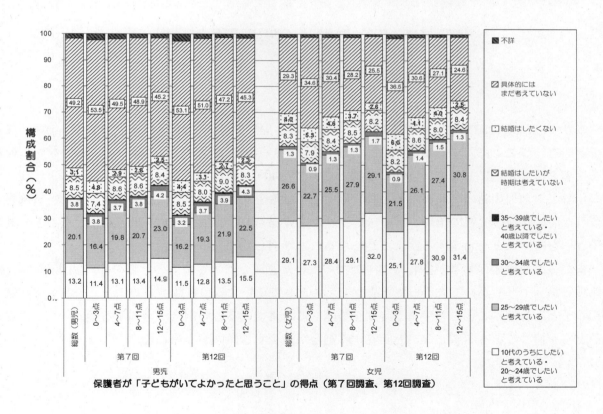

図2－2　対象児が最初の子どもを持つことを希望する時期の分布（第13回調査）
：保護者の「子どもがいてよかったと思うこと」の得点別（第7回調査、第12回調査）

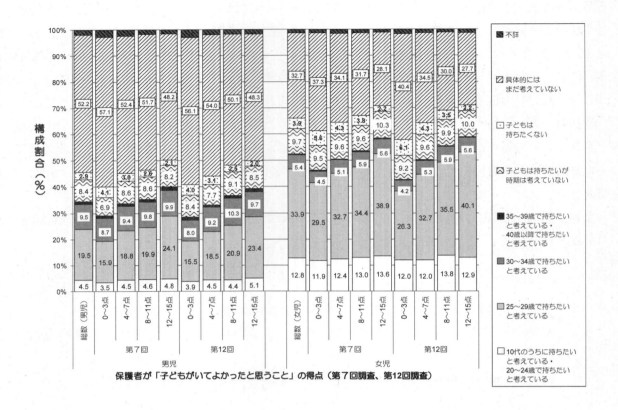

4－4　まとめ

本章では、21世紀出生児縦断調査（平成13年出生児）の対象児が13歳時点でもつ、結婚・最初の子どもを持つことに対する意識の集計を行った。その結果、男児は女児に比べて、結婚ないし最初の子どもを持つことに対して具体的には考えていない傾向があることがわかった。さらに、母親・父親の年齢と対象児の結婚・最初の子どもを持つことを希望する時期の間には関連がみられ、対象児が生まれた時の母親・父親の年齢が低いほど、対象児自身も10代又は20～24歳で結婚すること・最初の子どもを持つことを希望する割合が高くなることが明らかになった。

また、対象児の保護者が子育ての中で持っていた意識と対象児本人の意識の間に関連がみられた。保護者が「子どもがいてよかったと思うこと」として選択する項目数が多いほど、子どもは結婚・最初の子どもを持つことを希望する時期を具体的に考えている者の割合が増加する傾向、また、結婚・子どもを持つことを希望しないと回答する割合が減少する傾向がみられた。

V 参 考

○集計対象

1 幼児期の歯磨き習慣、食生活習慣等とその後のう歯との関係

第3回調査（2歳6か月）から第12回調査（12歳）までの10回すべての調査に回答があった者のうち、出生時点の体重の値とう歯による通院の有無に関する質問への回答が有効であった27,545人。

2 乳児期の受動喫煙の有無と成長の関係：親の喫煙状況別にみた子どもの過体重・肥満率

第1回調査（生後6か月）における親の喫煙状況に関する回答が有効かつ第3回調査（2歳6か月）から第13回調査（13歳）までの各回調査で分析に用いた変数の値が有効な者。

	男児	女児
第3回調査 （2歳6か月）	16,245	14,977
第4回調査 （3歳6か月）	17,422	16,110
第5回調査 （4歳6か月）	17,045	15,692
第6回調査 （5歳6か月）	15,811	14,521
第7回調査 （7歳）	15,240	14,099
第8回調査 （8歳）	15,622	14,491
第9回調査 （9歳）	15,389	14,269
第10回調査 （10歳）	14,956	14,085
第11回調査 （11歳）	14,577	13,797
第12回調査 （12歳）	14,185	13,351
第13回調査 （13歳）	13,291	12,163

3 子どもの生活環境、健康状態が保護者の育児負担感に与える影響

第1回調査から第12回調査に連続して回答している27,582人。

ただし、育児負担感得点の平均を集計する際には、「子どもを育てていて（もって）負担に思うこと」「子どもに関する悩み」の質問に対して有効な回答をしている者のみを用いた。

4 結婚・最初の子どもを持つことを希望する時期に対する中学1年生の意識

・結果の概要

図10　対象児が結婚を希望する時期の分布（第13回調査）

：対象児が生まれたときの母親・父親の年齢階級別

第13回調査（13歳）に回答のあった30,331人。

・結果の概要

図11　対象児が最初の子どもを持つことを希望する時期の分布（第13回調査）

：保護者の「子どもがいてよかったと思うこと」の得点別（第7回調査、第12回調査）

第7回調査から第13回調査に連続で回答している27,168人。なお、総数には保護者の「子どもがいてよかったと思うこと」の得点が不詳である者を含む。

Ⅵ 用 語 の 定 義

1 過体重・肥満率

　21 世紀出生児縦断調査（平成 13 年出生児）では、調査回ごとに対象児の身長、体重、身長と体重の測定日を調査している。この身長と体重、測定日をもとに、月齢別の体格指数(body mass index; BMI)を求めた。そして、国際肥満タスクフォース(International Obesity Task Force)が生後 24 か月以上について作成した 18 歳時 BMI=25.0kg/㎡に相当する性別・月齢別カットオフ値（Cole et al. 2000）を用いて過体重・肥満を定義した。

参考文献

　Cole TJ, Bellizzi MC, Flegal KM, Dietz WH. Establishing a standard definition for child overweight and obesity worldwide: international survey. BMJ 2000;320(7244):1240-3.

2 保護者の「子どもがいてよかったと思うこと」の得点

　第 7 回調査（7 歳）から第 12 回調査（12 歳）では、対象児の保護者に対して子どもがいてよかったと思うことについて調査している。調査票では「平成 13 年生まれのお子さんがいてよかったと思うことについておたずねします。あてはまる番号すべてに〇をつけてください」という質問文とともに、15 の選択肢を提示している。第 7 回調査（7 歳）と第 12 回調査（12 歳）時点において、保護者が子どもがいてよかったと思うこととして選択した選択肢の数を合計して得点化した。

定価は表紙に表示してあります。

平成29年7月20日　発　行

21世紀出生児縦断調査

（平成13年出生児）特別報告

編集　厚生労働省政策統括官（統計・情報政策担当）

発行　一般財団法人　厚生労働統計協会
　　　郵便番号　103-0001
　　　東京都中央区日本橋小伝馬町4-9
　　　小伝馬町新日本橋ビルディング3F
　　　電話　03-5623-4123（代表）

印刷　統 計 印 刷 工 業 株 式 会 社